湖南省语言文字应用研究专项重点课题"长沙市语言文字工作督导实施现状及对策研究"（XYJ2017GB01）

探索与实践：小学语文朗读教学

杨昭昭　著

九州出版社
JIUZHOUPRESS

图书在版编目（CIP）数据

探索与实践 ： 小学语文朗读教学 / 杨昭昭著 . --
北京 ： 九州出版社，2023.5
ISBN 978-7-5225-1850-3

Ⅰ . ①探… Ⅱ . ①杨… Ⅲ . ①小学语文课－朗诵－教
学研究 Ⅳ . ① G623.202

中国国家版本馆 CIP 数据核字（2023）第 089153 号

探索与实践 ： 小学语文朗读教学

作　　者　杨昭昭　著
责任编辑　云岩涛
出版发行　九州出版社
地　　址　北京市西城区阜外大街甲 35 号（100037）
发行电话　(010)68992190/3/5/6
网　　址　www.jiuzhoupress.com
印　　刷　定州启航印刷有限公司
开　　本　710 毫米 ×1000 毫米　　16 开
印　　张　11.5
字　　数　187 千字
版　　次　2023 年 5 月第 1 版
印　　次　2023 年 5 月第 1 次印刷
书　　号　ISBN 978-7-5225-1850-3
定　　价　68.00 元

前　言

　　文字是文化的载体，而朗读则是通过有声语言表情达意地再现文章作品的内容，这种再创造形式对于文字信息的传递、语言文字的表达以及文字背后深层内涵与情感的品味有着重要作用，它不仅是知识的有效传递手段，还是艺术的一种表现形式。因此，朗读教学也应作为语文教学中的重要部分被重视起来并广泛推行。

　　近年来，随着我国新课程改革的不断深入和实施、素质教育的不断深化和推进，朗读教学也逐渐被赋予重要的现实功能以及更加鲜明的时代内涵。这也使长期以来一直被忽视的小学语文朗读教学逐渐得到越来越多的关注，同时，我国新课程改革也对小学语文朗读教学的进一步科学化、系统化、细致化发展提出了具体的要求。《义务教育语文课程标准》（2022年版）要求语文教学逐步培养学生的实用性阅读、文学阅读和思辨性阅读能力，倡导多角度的创造性阅读，并对小学语文朗读教学进行了明确要求：让学生能"用普通话正确、流利、有感情地朗读"。由此可以看出，让朗读在语文教学中发挥重要作用是语文课程改革的内在要求，也是语文教学中加强学生与文章之间联系的重要方法。

　　优秀的朗读教学是对学生智力方面的教学，更是对学生能力的训练、情感的熏陶、素养的培育、审美的提升，这也就决定了朗读教学是一种长期性的教学，是语文教学中必不可少的教学方式之一。小学语文朗读教学是从小锻炼学生的朗读能力的重要手段。

　　本书首先通过对当下小学语文朗读教学现状的探索与实践进行概述，分析了小学语文朗读教学的主要内容与方法，对教学中的基础训练，包括语音基础、朗读技巧、情感表达与环节设置进行探讨分析，探寻更高效的教学模式，为学生加强基础训练提供理论基础；其次，对小学语文教材中常出现的几种文体的朗读教学实践案例进行观察分析，寻找其各自适合的教学方式，也为小学语文教师的朗读教学实践提供思路；最后，基于当下朗读教学发展状况进行反思，提供整体改进思路，希望能够为未来朗读教学发展提供方向。鉴于著者水平有限，书中难免存在不足，恳请各位同行及专家学者斧正。

目　录

第一章　朗读与小学语文教学

第一节　朗读概述

一、朗读的概念

文字是记录和传递信息的符号，将多个文字串联起来就形成了一个词、一句话、一篇文章，而这些文字中所蕴含的情感与内涵正是文字的意义所在。要想将其中的情感以及内涵表达出来，就需要对人进行多感官刺激，将无声的文字转化为有声的语言，自此，朗读便诞生了。

在我国古代，朗读就已经受到重视并被广泛应用。它虽然是对文字语言的转化，但不可仅仅将它作为发声手段。应在探寻文字语言蕴含的深层内涵基础之上，对其进行充分的诠释，由此驾驭有声语言，形成深厚的朗读功力。

在《现代汉语词典》中，"朗"有三种含义：一是"光线充足，明亮"；二是"声音清晰响亮"；三是"姓"。"朗"在"朗读"一词中的含义是"声音清晰响亮"。在《现代汉语词典》中，"读"有四种含义：一是"看着文字念出声音"；二是"阅读、看（文章）"；三是"指上学"；四是"（字的）念法、读音"。"读"在"朗读"一词中的含义是"看着文字念出声音"。由此可知，"朗读"的含义是"清晰响亮地把文字念出来"。

张颂在《朗读学》中将朗读作为一门独立的学科进行分析与思考，阐述了朗读学的含义，认为朗读学是将无声语言进行再创造，使其转化成有声语言的一种活动。这一活动的行为发生过程如图 1–1 所示。

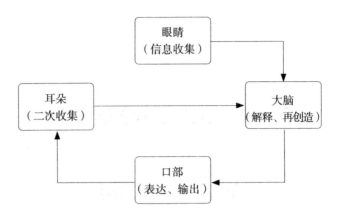

图 1-1　朗读行为发生过程

从图 1-1 可以看出，朗读本质上是将收集到的信息传递给大脑进行二次创造并输出表达的过程，因此朗读也是一种应用型的发声阅读。从上文中对朗读的拆分解读可以清楚地发现朗读的本质要求是朗读者以清楚且足够响亮的声音将文章读出来。但在当下朗读教学中，对学生朗读的要求不止于此。小学语文朗读教学的核心不再是朗读的外在表现，而是其内在情感与思想的表达，这也就要求学生在将文章清晰响亮地读出来的基础之上，融入相应的情感表达、朗读技巧以及想象力与创造力，使文章不仅被"念"出来，还被有感情、有技巧、有想象地表达出来。这正是小学语文朗读教学的最终目标。

这也就要求学生在朗读时，首先需要注意朗读的几个要素，包括规范的语言、完整的语句、精确的语义等，并利用相应的朗读技巧对朗读中的这些要素进行有效处理，做到朗读语言规范、语句完整、语意明确，由此达到朗读的最基本要求；其次，在朗读中，主体有朗读者和听众两部分，因此朗读者在朗读过程中要能重视听众的感受，融入丰富的情感，使其通过朗读传递给听众相关信息，从而引起听众的情感共鸣，使听众充分理解文章的内容以及感受到朗读者所要表达的感情。

中华文化的博大精深尤其体现在中华文字上，而朗读是将这种文化进行渲染与展现的最好方法之一。因此，朗读不仅是知识的有效传递手段，还是艺术的一种表现形式。这也就要求在朗读教学中，不仅将朗读当作传递文字、帮助学生接受与记忆书面文字的手段，还要将朗读看作一门艺术，教授学生对文字的二次创作方法，使朗读能有效丰富文字中所蕴含的思想与情感，让朗读者与文章形成情感共鸣，进而达到心灵上的沟通。这也是引领学生走入文本、提高学生文化素养、使学生得到全面发展的重要手段。

根据朗读的这一内涵特点可以得知，朗读教学不仅要强调大声读、反复读，还要注重朗读者对所朗读文本内容与情感上的理解与感受。这种理解要贯穿于朗读活动的始末，从朗读前的研读文本、朗读时的多种方式技巧共用，到朗读后的感悟与反思，都是在理解的基础之上进行的。在朗读发展的这些年间，人们对于朗读的认识也逐步加深，对朗读的要求也越来越高，呈现出从简单的文本形式语言转化为有声形式语言，到准确生动表现原文本思想情感，再到驾驭文本、融入复杂的心理变换过程。这也是朗读内涵逐渐丰富的过程，对其内涵的更深入发掘与完善则需要在具体的朗读活动中进行感悟与体会。

根据以上阐述，可以明确朗读具有三种含义。第一，朗读是化无声为有声的一种语言表达形式。朗读将纸张上的文字用具有温度的语言表现出来，深入人心。第二，朗读是一种具有创造性的活动。个体发挥主观能动性进行朗读，朗读过程也是对文章再创造的过程。至于所创造成果的质量，就要看朗读者自身的朗读能力和素养。第三，朗读兼有规范性和随意性。朗读既可以用于正式场合，如演讲比赛、会议发言等；又可以用于日常生活，作为人与人之间进行交流的工具。

二、朗读的内涵

朗读是朗读者结合各种语言手段来对文章的内容、思想以及情感进行表达的集文学性、艺术性以及表演性于一体的语言艺术，与此同时它也是口语交际的一种重要形式。朗读的文学性体现在朗读内容上，朗读内容一般为诗歌、小说、散文等具有丰富内涵、带有极强文学色彩的作品，在朗读时可以充分感受到其中的艺术魅力，发挥其颇具文学性的教育作用。朗读的艺术性体现在对文章的表达形式上，由于所朗读的文本来源于各种各样的体裁，也蕴含着各种各样的思想情感，所以要能深入分析这些文章并将其通过自己的再创造，以朗读的形式展现出来，这就需要朗读者具有一定的语言修养、思想修养与知识修养，朗读是这些修养的综合体现。朗读的表演性体现在朗读的形式上，除集体性质的朗读活动之外，朗读一般都是朗读者在大庭广众之下进行的活动，这就需要朗读者具备一定的表演技能，能自然又充分地表达出文章的内涵，用自己优美的语言、丰富的表情将文章表述给听众，完成文章内容的形象有效传达。

学生进行朗读不仅可以提高自身的阅读能力，增强审美与鉴赏能力，还能接受到文学作品的熏陶从而陶冶自己的情操，开阔自己的视野，提升理解能力，修养品性。学生应通过训练，提升自身朗读水平，从而在学习上，有效提升自己对文章语言、词汇以及情感细致入微的品味能力；在生活中，增强自己与人进行口语交际的能力。朗读内涵贯穿于生活与学习中，因此朗读是不可被忽视的。

三、朗读的分类与表现形式

对于朗读，从古至今有许多学者进行研究，探寻更优形态的朗读。朗读可划分为四种表现形式。

（一）静默朗读

静默朗读指的是读者在心中阅读文字，不涉及声音的发出，这是较为常见的朗读类型，人们在阅读书籍、文章或其他材料时常常进行静默朗读。静默朗读有助于提高阅读速度和理解力，可以使读者更深入地理解和思考文本内容。

（二）有声朗读

有声朗读是指大声、清晰地读出文字。这种方式可以帮助改善语言的发音、语调和节奏，增强语言的表达能力，同时也能提高阅读理解能力。有声朗读在教室教学、公开演讲和戏剧表演等场合都十分常见。

（三）跟　　读

跟读是一种在教师或者其他读者读过一段文字后，学生复述或重复读出的朗读方式。这种方式有助于学生模仿和学习正确的发音、语调和节奏，提高语言技能，尤其适用于语言学习者。

（四）共享朗读

共享朗读是指一个群体（如班级或家庭）一起朗读同一份材料。这种方式可以增强集体的凝聚力，同时也有助于提高阅读理解和口头表达能力。

不论是什么形式的朗读，在运用时，都要讲究其与文章文体、内容以及情感的适用性，做到读什么样的文章，就用什么样的方法，这样才能让朗读与文章紧密联系起来，做到无声语言到有声语言的有效转化。

第二节　小学语文朗读教学概述

一、小学语文朗读教学的意义

在小学语文学科教学中，朗读教学一直占有一席之地。在当下，小学语文朗读教学之所以一直被强调，是因为它对学生语文综合素质的提升以及情感表达能力的锻炼都具有重要作用。它的独特的意义如图 1-2 所示。

图 1-2　小学语文朗读教学的意义

（一）强化学生普通话能力

小学语文朗读教学能够强化学生的普通话，因为朗读教学的要求是通过运用普通话将文章正确、流利、有感情地读出来，所以这一过程对学生普通话的训练起着至关重要的作用。

首先，朗读教学中所包含的对朗读语音的训练有助于学生巩固现代汉语语音基础知识。在用普通话对文章进行朗读的过程中，学生可以对自身综合运用声母、韵母、声调以及语流音变等能力进行训练，巩固自身普通话语音基础。

其次，在小学语文朗读教学中，坚持训练学生用普通话进行朗读有助于学生排除方言对自身发音、朗读以及日常交流的干扰。学生能够通过朗读教学规范自身的词汇、语法以及语调，从而得到普通话表达的规范训练。

最后，小学语文朗读教学可被看作学生对汉语言中词汇与语言材料的积累过程。通过长期的朗读训练，积累了丰富的语言知识，从而也积累了普通话词汇、语言材料等知识，有利于普通话水平的提升。

因此，小学语文朗读教学不仅是对学生朗读能力的训练，还是对学生普通话水平的训练。在进行朗读教学的同时培养学生从小讲好普通话的习惯是一举两得、事半功倍的。

（二）提升学生语言表达能力

语言表达能力就是学生能够将对于事物的所见所闻所感通过口头语言表达出来的能力。语言表达能力可以反映学生内在的逻辑思维水平，对学生的日常交流沟通能力与社交能力也有着巨大影响，是学生成长和发展的必备能力。而朗读教学本身就是一种对将无声语言转化为有声语言的能力的训练，并且训练学生对课文内容进行理解，并引导学生将其有效表达出来，这也就是对学生语言表达能力的一种训练。在长时间的朗读训练下，学生的自身语感、文字敏锐度以及朗读表达自信心都会得到显著提升，从而自身语言表达能力也能得到提升。

例如，在小学低段儿童中，许多学生会出现心口不一的情况，就是有些时候学生心中有想法有内容，可用嘴巴表达时常常词不达意甚至表达不出来。这类学生在升入高年级之后就易出现写作文语句不通顺、内容匮乏等情况。在某种程度上，这就是朗读练习没到位所导致的语言表达能力的欠缺。而经过长期的朗读训练，学生表达自身想法、对事物的看法的能力会得到稳健提升，在与人讲述事物及经历时也能够做到流畅、自然，会抓重点等。因此，在小学语文教学中强调朗读教学也是从小培养少年儿童语言表达能力，促进其更好地成长和发展的重要前提。

除此之外，语言表达能力的提升在一定程度上能够改变学生的性格。小学年龄阶段的学生具有极强的可塑性，其性格也还未成型，有些学生性格内向，外在表现为说话声音小、不善言辞等，但经过长期的大声朗读课文的训练，其声音与语言表达能力往往会发生改变，声音会变大、与人交流会更自如，性格也会自然而然地随之发生改变。当一个人能够放松身心，情感饱满且铿锵有力地朗读一篇文章时，也就代表其不惧在众人面前展示自我，能将自己的理解与情感轻松自然地读出来，其性格也就在一定意义上会趋于大气、外向、活泼。

（三）提升学生文本理解能力

文本解读是朗读前所需做的必要准备工作之一。经过长期的朗读教学活动，学生对文本解读的能力会得到相应的提升。常言道"读书破万卷，下笔如有神"，长期反复的朗读能够有效提升学生的语文基础，从而提高学生对课文的理解能力，提升学生的阅读效率。

首先，在每次朗读活动进行之前，教师都应指导学生运用多种方法对文章进行深层含义的挖掘与感情的体悟，这也就能够使学生加深对课文的理解。长此以往，随着解读文章的逐渐增多和解读经验的逐渐积累，学生再对类似文本进行解读就会容易很多，学生理解文本的能力就会得到显著的提升。

其次，学生在朗读的过程中学会掌握节奏与声调、体会文章感情并通过朗读将感情表达出来，也有利于深入切实品味文章，理解文章内涵，加深对文章的印象，从而有利于语文教学活动的后续展开。

最后，朗读的形式多种多样，如分段落朗读教学可以让学生逐步对段落建立概念，了解段落划分的层次和规律，能够依托朗读梳理文章结构从而体悟作者情感，深入感受有些句子为什么是重点句子、句子的句型和关键词是什么、句子有几层意思等。学生可以通过对这些问题的思考，在朗读中感受语言的魅力。

总之，在小学语文朗读教学活动中，文章与朗读者是相辅相成的，文章经由朗读者诠释，所含情感更加真实生动；而朗读者通过朗读能更好地体悟文章深层含义，从而能够汲取更多有价值的知识与美妙的情感。

（四）促进学生语文知识积累

反复朗读是记忆的有效方法。经常性的大量朗读可以帮助学生打开大脑表层到深层的记忆回路，这种记忆的质量高且记忆时间久。深层记忆回路的开发与右脑息息相关，将这种记忆回路打开，使其与右脑记忆回路相连接，就会形成一种优质的记忆回路。

朗读还能通过集中学生注意力的方式来增强学生的知识积累。在语文教学中，教师会发现让学生通过朗读理解或记忆一篇课文也就是"读书"的效果要比单纯"看书"的效果好。原因是在看书过程中，学生很容易出现走神现象，看上去是在认真地看，但他的思绪早就已经不知道跑到哪里去了，就造成了无效"看书"；而"读书"则不同，学生把看到的文章内容大声读出来，在一定程度上是对自己思绪的把控，将整体注意力都放在文章中，自然也就能强化记忆效果，长此以往，学生通过朗读便可以做到对知识的高效记忆与积累。

（五）提升学生写作能力

小学阶段对学生的写作要求包含具有真情实感以及力求创新两个方面，而朗读教学能够有效促进学生情感表达能力的提升以及创新思维能力的发展，从而间接促进学生写作能力的提升。

首先，朗读训练能够提升学生的语言表达能力，能帮助学生解决基本的情感表达问题，为写作打下坚实基础。其次，朗读训练是让学生通过对文本逻辑结构的解读来提升自身逻辑思维能力的，这也能在一定程度上帮助学生写作能行云流水、有理有据。最后，写作是将语言转化为文字的过程，而朗读训练是将文字转化为语言的过程，是一种再创造活动，在二次创造中体现鲜明个人风格，能帮助学生形成自己独特的语言风格，进而促进形成写作的独创性，使学生写作能力得到有效提升。

老舍在创作《龙须沟》时，自称对作品中不少人物的生动语言是"出着声写的，以期把语言写活"。朗读是将书面语言转化为有声语言的活动，有感情地朗读会将书面文字的魅力更加生动地展现出来。朗读也有利于情感的抒发，当情感流于笔尖时，更能达到下笔如有神的境界。

教师在指导学生朗读的时候，应要求学生读通句子，不仅要求学生读准字音，还需要求学生不增减文字，不破音。反复地进行朗读训练不仅有利于学生语言表达能力的提高，还有利于学生写作水平的提高。教材中的文章大多是文质兼美的名篇，为学生学习语言文字、感悟情感、提升语文素养提供了丰富的材料。在课堂教学中，如果教师能充分利用教材，指导学生朗读，对学生理解并掌握规范的语言文字将大有裨益。

语文的学习是感性的，它不同于理科的理性思考，而是靠语言的直接感受和积累。朗读就是一种有效的积累，且更多的是一种情感的收集，有了丰富的情感体验，学生在写作中也会如有神助。例如，在《小石潭记》一文的教学中，教师应该引导学生反复朗读，体会柳宗元的亲身经历，如身临其境般去体会小石潭及周围幽深寂静的景色和气氛，进而感受作者蕴含在景色中的情感，感受柳宗元贬居生活中的孤凄悲凉。学生通过朗读，能够感受到文章写景抒情的妙处，从而也知道很多情感不一定要直抒胸臆，其实将深刻的情感蕴含在景物之中，也能够入木三分地将情感表达出来，这对学生的写作也是一种很好的启发。

此外，有感情地朗读也能激发学生的创作欲望。在《春》一文中，朱自清描绘了一个万物复苏、生机勃勃的春天，此文章也较为适合朗读。教师在上课时应饱含着欣喜与希望的感情，带领学生一起领略美好的春景，这就可以将作者描绘的春草图、春花图、春雨图等一幅幅美景带到学生的眼前。《春》抑扬顿挫的语言可以让学生领略到盼春、绘春、惜春的情感，沉浸在美好的意境中，会让学生忍不住产生"绘春"的想法，这就激发了学生的创作欲望与情感。

（六）提高学生综合素质

素质教育是我国当下教育教学活动的基础，小学教育作为初始阶段教育，担当着为培养社会主义事业建设者和接班人打基础的重要任务，因此在小学阶段重视学生综合素质的培养，落实素质教育是教学活动的当务之急。朗读是提升学生综合素质的有效手段，其作用主要体现在道德素养、心理素养、智能素养这三个方面。

1.提高学生道德素养

道德素养的积淀是语文学科教育教学的一个重要作用，小学语文教材内容的设计、课文的选择都蕴含着丰富的思想道德内涵，因此，在小学语文学科教学中引导学生挖掘教材中的深层内涵，品味文章思想内容，让学生得到道德素养层面的熏陶是小学语文学科教学的重中之重。而实现这一教学目标的最有效方法便是朗读教学，让学生对教材中文章进行反复的朗读、品味，逐步引导其探索文章深层内涵，从而使其获得道德素养的提升。

例如，以课文《美丽的小兴安岭》进行朗读训练，能让学生在朗读中充分感受到小兴安岭的美，体味大自然的鬼斧神工，从而激发学生对祖国美丽山河的热爱。又如，以课文《狼牙山五壮士》进行朗读训练，能让学生在朗读中体会到五壮士对祖国的浓烈而深沉的爱，感受到其勇敢无畏、坚韧不拔等高尚的品德，从而促进学生情感态度及价值观的树立。

2.强化学生心理素养

在小学语文课本中，文章中出现的人物往往都具有鲜明的个性特点。在朗读训练中，学生可通过对这些人物的分析与品味，或者通过朗读来尝试扮演人物，充分感受人物心理特征与性格特点，从而受到感染，促进自身心理素养的积淀。

例如，在进行《桥》的朗读教学时，在朗读中，学生能够根据文章对老支书人物形象的刻画，感受到老支书沉着冷静、坚决果断、不惧危险、舍己为人的性格特点，也能体会到老支书作为一名共产党员的高尚品德与修养，由此受到熏陶，使精神世界得到丰富。

除此之外，在进行朗读训练时为学生创设良好的朗读环境与氛围也有利于学生更真切地感受文章内容，开阔视野，这也是对心理素养的发展与提升。

例如，在进行《观潮》的朗读教学时，教师可以利用多媒体教学平台，通过播放相关视频、音频、图片等形式，对涨潮、退潮时的情境进行还原，尽可能调动学生多感官进行感知，从而使其能够更好地感受作者所感、思考作者所思，为朗读奠定情感基础。同时这种教学方法能够让学生如身临其境般感受祖国山河的壮阔之美，增强学生对美的感受能力以及对祖国大好河山的热爱之情。

3.提升学生智能素养

学生在学习中通过知识的积累得到能力的提升，这就是学生智能素养提升的表现。在朗读教学实践中，学生对文本进行感知并进行二次创作，然后通过朗读的形式将其展现出来，这本身就是一种对学生创作能力与发散思维的训练，也是对学生智能素养的培养。除此之外，学生在长期的朗读训练中，逐渐学会不同文章的朗读方法，学会运用朗读技巧去诠释文章内容，这也是对学生朗读能力的提升，代表着学生智能素养的提升。

不仅如此，小学语文朗读还具有增强学生的知识记忆能力、提升学生形象思维能力、丰富学生内心世界等重要作用。这也在一定程度上体现了小学语文朗读教学的重要性。

二、小学语文朗读教学设计的概念

教学设计是把教学原理转化为教学材料和教学活动的计划。教学设计要遵循教学过程的基本规律，选择教学目标，以解决"教什么"的问题。基于此，朗读教学设计的概念可以从以下方面进行阐述。

首先，朗读教学设计是实现朗读教学目标的计划性与决策性的活动。朗读教学设计可以通过计划与布局安排的形式，对教学目标的实现进行创造性的决策，以解决"怎样读"的问题。

其次，朗读教学设计以系统方法为指导。朗读教学设计把朗读教学各要素看成一个系统，分析朗读教学的具体问题和具体需求，确立解决的程序纲要，使朗读教学效果最优化。

最后，通过朗读教学设计，教师可以清楚地将所要教学的内容进行计划与安排，并结合对学生的了解，思考朗读教学中会出现的情况，据此设计科学合理的朗读教学目标、朗读教学模式与朗读教学环节，以保证朗读教学活动的正常进行。

值得注意的是，朗读教学设计的目的是帮助学生更好地学习，这就需要教师以学生在学习中可能出现的问题为出发点，寻找解决问题的方法，这样才能使整个朗读教学工作更具目的性。通过对朗读教学的设计，教师可以初步掌握学习者学习的初始状态与学习后的状态，以此有效地把控朗读教学过程，优化并提升朗读教学效果。

三、小学语文朗读教学的基本内容

（一）解读文本

要想成为一个好的朗读者，就先要学会对作品进行深刻理解与分析，这与朗读者的文本研读能力息息相关。在小学语文朗读教学中，学生面对的文本大都是相关学者与教育工作者精挑细选出来的具有极大教育意义的好文章。因此，教师应能够坚持"文以载道"的观点，将文章中的哲理、思想、情感、价值观等传播并植入学生的内心，这样才能使教材中的文本真正发挥其教育意义，使学生在汲取知识的同时能够获得良好的审美体验、树立正确的价值观、形成语文素养。没有深入的文本研读，朗读者自身对作品的理解就会不够深刻，情感与思想的把握就会不够准确，那么朗读自然也就会变得没有重点、没有感情，失去应有的色彩与感人的力量。文本研读是一个从语言出发，再回到语言的过程，朗读中的文本解读最终是将其转化为有声语言的形式并带给更多听众。因而，朗读是学生、教师、文本之间沟通与对话的最好方式，也是让朗读教学变得和谐有趣、井井有条的重要途径。在朗读教学过程中，教师是教学活动的主导者，学生是教学活动的主体，而文本则是朗读教学的核心，三者相辅相成，缺一不可。

因此，教师与学生在朗读之前需要对文本进行深入解读，这关系着朗读教学效果的好坏。正如上海师范大学王荣生教授所说："好的阅读教学，往往基于合适的文本解读；不那么好的阅读教学，其原因往往是不顾文本体式，采用了莫名其妙的解读方式、阅读方法。"① 正因如此，朗读教学活动必须以文本为核心，以对文本的理解为基础，将所要进行朗读的文本作为出发点与立足点，在正确解读文本的基础之上进行朗读活动的组织与教学。

（二）朗读情境

"情境"一词在《现代汉语词典》（第 7 版）中的解释为"情景、境地"。

---

① 王荣生 . 求索与创生：语文教育理论实践的汇流 [M].济南：山东教育出版社，2013：251.

该词在《义务教育语文课程标准》（2022 年版）出现了 48 次，在《普通高中语文课程标准》（2017 年版 2020 年修订）中出现了 34 次，后者强调"真实、富有意义的语文实践活动情境是学生语文学科核心素养的形成、发展和表现的载体"[①]，并且要求学生"能将具体的语言文字作品置于特定的交际情境和历史文化情境中理解、分析和评价"[②]。《语文教学解释学》也提到阅读教学要想进入"自我理解"的佳境，就要"以情境制胜，以作品的生命意识为轴心，联系学生的实际生活，紧扣时代的脉搏，激活学生的内在体验，让阅读和阅读教学的过程成为一种体验的过程"。[③] 而阅读教学中的朗读教学作为学生学习、理解和鉴赏语言文字作品的重要活动，更需要以情境制胜，创设与朗读教学内容相适应的具体场景或氛围，引导学生在情境中朗读，从而获得良好的语感、丰富的情感体验和真切的审美感知，提高语文核心素养。

语文学科核心素养的构建需要学生在语言实践活动之中逐步积累，正所谓"实践是检验真理的唯一标准"，在朗读教学中的实践就是让学生在真实的语言运用情境中展现其语言运用的能力，真切地体现学生的语言知识与能力、思维方法与品质、情感态度与价值观。因此，语言建构与运用在语文学科核心素养中占据首要地位，这也就要求了小学语文朗读教学一定要让学生在真实情境中践行语言活动，为学生创设出贴切良好的朗读情境也是朗读教学中教师需要注重的环节之一。

如果说深度钻研文本是为了让学生更好地理解文章内涵以及情感，那么创设朗读情境则是为了使学生更好地感受这些情感并将其通过朗读展现出来。对朗读情境的创设应主要围绕"情"字拓展"境"，构建一个独特的具有渗透性的朗读课堂，充分调动学生的手、脑、眼、耳等多感官地对文章进行感受。师生通过所创设的情境有了情感的共同投入，共同在美好的氛围中体味作者的所想所感，把握作者的情感方向，理出文章的情与境，对朗读教学来说是一种对文本由客观到主观的深入感知手段，也能有效加强学生与文章的联系，是朗读教学中不可或缺的环节。

---

① 中华人民共和国教育部 . 普通高中语文课程标准 : 2017 年版 [S]. 北京 : 人民教育出版社，2018 : 48.

② 中华人民共和国教育部 . 普通高中语文课程标准 : 2017 年版 [S]. 北京 : 人民教育出版社，2018 : 5.

③ 曹明海 . 语文教学解释学 [M]. 济南 : 山东人民出版社，2007 : 250.

朗读教学创设的朗读情境应以学生为主体，这是情景教学的教学原则，这样能强化学生的理解与感受，使学生的情感深入文章中去；同时要尊重学生的发散思维，培养学生的创造性，在此基础上激发其情感，训练其语言理解与应用的能力。这才是创设情境教学的正确途径。

（三）共情能力

1.共情的含义

共情既是一种人格特质，又是一种心理过程，根据其字面解读，就是拥有共同的情感，是一种对于他人感情的感知与体悟，像现实生活中，看到他人遭遇不幸自己也会感觉到悲伤与难过，这就是一种共情。但会使人产生共情的对象并不只有现实中的人或物，有时一段视频、一段音频、一篇文章都会使人产生共情。共情让人与人之间建立起情绪、认知、观念等方面的连接，从而产生共鸣，这也是对他人情感产生理解的主要途径。在小学语文朗读教学中，共情的主要对象是文章，是在朗读过程中对作者所描写的人、事、物或者对作者自身产生共情，是进入文章中的世界、进入作者世界的主要途径，也是理解与感悟文章的方法之一。在朗读活动中培养学生的共情能力可以为文本阅读者与作者之间搭建一座沟通桥梁。

2.共情与朗读的关系

（1）共情为朗读提供感情基础。共情是一种隐性教育，它具有周期长、见效慢、影响大的特点，因此在小学语文教育教学中，培养学生的共情能力是一场持久战。共情可以影响学生的个人素养，同时可以促进学生对文章的感知的发展，使学生更好地进行语文学习。在朗读教学中，培养学生共情能力能使学生对文本产生共情，有利于学生多角度、多层次地对文本进行解读，从而使学生更好地领悟文章主旨。不难发现，在小学语文教学活动中，对一篇文章最好的理解就是达到共情。例如，在读完人教版小学语文五年级上册课文《父爱之舟》后，不少学生都会感动地流下眼泪，这种感动就是一种与作者的共情，对作者父亲伟大父爱的感动。有了这种共情之后，再去朗读这篇文章，就能够将文章所蕴含的伟大父爱、作者的感激和感动等思想感情更好地表达出来，达到最佳的朗读效果。

（2）朗读增强学生共情能力。在朗读教学中，应注重学生朗读时对文章内涵的理解。通过朗读，学生感受到作者在文章中所运用的语言描写、语言节奏等，以及由语句表现出的情感的传递，从而体悟文章的深层情感，这种体悟就是从语言感受情感的高级共情。从本质来看，朗读的过程也是学生与作者共情的过程，朗读的水平也是学生共情能力水平的一种体现。朗读不同的文章可以培养学生对不同情感的共情能力。相对来说，学生对现实生活中遇见过的事物更容易产生共情，且共情能力更高；而在朗读文章时，学生经常会遇见日常从未遇到过的事物以及情感，这就需要通过对作者文章的挖掘与朗读，逐步培养学生对这些蕴含在文字中的情感的共情，使其共情能力得到提升。

因此，朗读可以培养共情能力，共情可以提升朗读水平，两者是相辅相成且成正相关的。

（四）朗读技巧

1.胸腹联合呼吸法

一个人声音的大小、快慢以及其他各种变化都与其呼吸息息相关，将气息练好，发声也就有了足够的动力，这样，无论是在日常说话还是在朗读中声音都自然会变得铿锵有力。因此，只有在正确控制呼吸的基础上，才能更好地把握对声音的控制。在小学语文朗读教学中经常会出现学生在朗读时明显感觉气不够用，一篇文章读下来上气不接下气的情况，这是因为这类学生在之前没有进行过关于气息的训练，再加上平时说话也只是一句一句的，中间有足够的时间换气，所以在对长难句或者长文章进行朗读时，没有足够的气息作为支撑，朗读效果自然也就达不到流畅完整。胸腹联合呼吸法是播音主持所应掌握的基本方法，其呼吸活动范围大、伸缩性强等特点为朗读奠定了基础，也是锻炼学生在朗读时正确运用气息进行呼吸的有效方法。使用这种呼吸方法时，要用胸腔、膈以及腹肌联合控制气息，从而使气息变得均衡而平稳，有利于解决朗读中易出现的气短、气虚、声音不稳等问题，能够为朗读提供基础条件。

2.共　鸣

在发声过程中，声带的发音只是基础，就像一栋建筑的地基，其后期的修饰与搭建靠的是其他区域的辅助发音。一次好的发声，所使用的在声带上的能量只是一小部分，其余大部分的能量主要用于控制声音的运动轨迹以及与其他器官的共振，这种共振也叫作共鸣，其存在的意义就是把发自声带的声音进行修饰，使其变得更加圆润、优美，更具感染力。在朗读过程中，单靠声带发出的声音听起来会比较单薄且无力，缺乏厚度，不仅听起来不好听，还无法起到有效表达文章情感与内涵的作用。共鸣训练可以将声音变得明亮、有光彩、有厚度。因此，好的朗读需要用共鸣将声带发出的声音进行扩大与美化，以便于朗读中的感情抒发，也起到减轻声带负担的作用，避免损坏声带情况的出现。

3. 吐字归音

吐字归音最早来源于我国传统戏曲表演的发音要求。在传统戏曲表演中，为了更深入地钻研戏曲台词，提升演员的台词功底，表演者会将一个音节的发音过程划分为三个阶段：出字、立字以及归音。经过对每个字的拆分及每个阶段的发音练习，戏曲表演家的吐字便会逐渐变得清晰、动听且流畅自如。随着历史的演变，明代戏曲声律家沈宠绥在前人的基础上首次提出了"字头、字腹、字尾"的概念并沿用至今，现代播音主持学中对吐字归音的说法也与前人大同小异。总之不论时代如何变迁，吐字归音始终是我国传统声乐艺术、语言艺术中的最基本要求，它既包含了发音的基本要领，又包含了中国传统艺术对发音的基本审美要求。

吐字归音通俗来讲就是咬字，是语言表达的重要基本功之一。在朗读中表现为吐字准确、内容清晰圆润、节奏流畅，是朗读的必修课之一。对少年儿童来说，吐字不清、说话磕磕绊绊、声音小、发音不准等是常见的问题，这种平时说话的缺陷会延伸到朗读活动中，造成朗读障碍。因此，正确引导其吐字归音也是朗读教学活动中的重要任务。

四、小学语文朗读教学评价的概念

（一）含　义

教学评价是指教师对教学工作质量和教学效果进行的一种评定与分析，在小学语文朗读教学中是指教师为了使朗读教学达到期望效果，针对教学中学生在朗读时出现的各种情况从文本、情境、学生等全方面进行的反馈与评析。它也是教学活动中的一个重要环节，没有教学评价的朗读教学会失去其教学管理性能，也很难提升教学质量。在许多教师的语文教学实践中的评价环节都会出现教学评价没有目的性、教学评价的方式单一、评价范围狭窄等各种问题。从中可以看出教学评价实践普遍呈现简单化、唯量化等缺陷，这些缺陷产生的根本原因是教师过分在意学生的学习成绩，仍以应试教育评价标准来衡量学生学习效果与评价教学效果，这无疑是一种原地踏步式的教学，即使评价内容多样，评价方式多元，也很难达到真正促进教学的目的。

这种评价需要结合具体课堂情境、文本材料以及学生学情进行具体分析，而不是凭空架构，泛泛而谈。教学评价应以现代教育教学的理念和宗旨为核心进行，应根据教学目标的要求，遵循教学评价的基本原则，制定出科学合理的评价体系，做到对现阶段的朗读教学活动进行客观、准确、有效的分析，进而充分了解教学中存在的问题并对其进行改进与完善，使教学质量得到提升。

（二）分 类

教学评价按照在教学活动中的不同作用，可以分为诊断性评价、形成性评价和总结性评价三种。

诊断性评价是指对所要评价的内容以及对象进行鉴定，这种鉴定一般在教学活动开始之前进行，具有一定的预见性与准备性，教师可以根据诊断性评价结果的分析，进行相应的教学设计，有效提高教学质量。例如，在小学一年级古诗朗读教学开始之前，教师对学生的古诗词了解情况以及朗读情况进行考察评价，以此为依据进行教学。

形成性评价一般是在教学过程中进行的对教学效果的评价，具有一定的总结性与指导性。教师在教学中可以通过对评价结果的分析，适当调整接下来的教学，有效提高教学效率。例如，在朗读教学实践中，教师随机让一位或几位同学进行朗读，以此检验学生对于本课朗读教学学习的情况。

总结性评价，顾名思义，就是对教学具有总结分析作用的评价，一般在教学完成之后进行。教师根据教学目标对学生的学习情况进行评价分析，总结出学生的知识掌握情况与能力发展情况，具有极高的概括性，常在期末进行。

教学评价按照评价方法的不同，可以分为定性评价和定量评价两种类型。

定性评价常常以等级划分、评语等形式出现，是一种对所评价对象做出价值判断的评价方法，也是一种动态性较强的评价，对教学的发展与能力的提升具有很好的促进作用。

定量评价则是指采用教学方法，收集和处理数据资料，对评价对象进行分析的一种方法，常常以打分、成绩、排名等形式出现。这种评价方式具有一定的客观性与总结性，通过具体数值展现对象的能力水平，也是最常见的一种教学评价方式，对教学具有一定的指导作用。

需要注意的是，在进行小学语文朗读教学评价时要注意将多种评价方式相结合，避免评价单一，这样才能做到科学、客观、有效地进行评价，得到的结果也才能具有较高的指导意义与参考价值，教师才能更好地为学生制定合适的教学模式，促进教学质量的提升。

（三）朗读教学评价的意义

1. 导向功能

由于教学评价的基本依据为教学大纲所给定的教学目的、教学任务以及教学内容，所以小学语文朗读教学的教学评价依据是语文教学大纲。教师在教学评价过程中，将师生的活动分解为若干部分，制定出相应的朗读评价标准，以此有效促进朗读教学的改革。因此，朗读教学评价的导向功能具体体现在评价体系的建立能够使教师的朗读教学沿着正确的教学轨道、按照教育方针和教学目标前进，从而保证整个朗读教学始终沿着正确的方向推进。

与此同时，教学评价还能使教师在评价中反思，在反思中寻找更优化的教学方式，转变教育思想，从而在以后的教学中能够充分发挥出教育创新意识，以此达到改进朗读教学的目的。此外朗读教学评价体系的建立可以提高教师对朗读教学的重视程度，使教师能把握教学的重点，在教学中注重评价所侧重的各种相关因素，对其进行改进与完善后将其作为教学中展示和发挥的重点，这也是朗读教学评价的导向功能的体现。

2. 激励功能

所谓激励功能，就是从教学评价中得到鼓励，从而积极性被激发，在激励中得到进步与成长。

首先，朗读教学评价的激励功能体现在教学评价中针对教学的状况和优缺点的评价能够使教师了解并分析自身教学中的优点、缺点、亮点、弱点等，逐步完善教学。同时，教师之间的相互听课与评价可以帮助教师充分了解他人的教学，在这种互相学习的过程中丰富自我，在对比中激发内在的动力。

其次，在教学过程中对学生进行适时的激励性评价不仅能让学生感受到温暖与尊重，从而提高朗读自信心，增强学习的内驱力，对学生的朗读起到促进作用，还能在一定程度上改善课堂氛围，为学生创设和谐、平等的学习氛围，从而激发学生学习的积极性。

最后，在课堂上教师使用尊重学生个体差异的激励评价，不仅能激活学生思维，还能让学生得到实实在在的成就感。

因此，朗读教学评价的完善有利于激励教师更好地开展朗读教学活动，更加重视朗读教学，也有利于学生朗读积极性与朗读能力的提升。

3.鉴定功能

朗读教学评价具有鉴定功能，良好的教学评价系统能够有效地鉴定出教师的教学质量、教学态度，从而评定教师的教学水平与能力，因此也是教师工作评价的重要组成部分。

朗读教学评价的鉴定功能在一定意义上也能帮助学校朗读教学的开展与管理更加系统化，使有关朗读教学的决策更加科学化。

第二章 小学语文朗读教学中的语音基础

第一节 标准的普通话发音

普通话是汉民族的共同语言，是规范化的现代汉语，是我国的通用语言，也是朗读训练的语言载体，因此能说好字正腔圆的普通话在朗读训练中是重要的。然而，我们幅员辽阔的祖国存在着形形色色的方言，这无形中成了朗读训练路上的一只大拦路虎。比如，在闽南，人们往往平翘舌不分。

因此，小学语文朗读教学应将普通话的发音作为朗读活动开展的基础与必要条件，只有把字和词读好读准才能继续开展朗读活动，这也要求教师将标准的普通话发音训练作为小学语文朗读教学课堂活动中的必要环节。对不同方言区的学生，教师要牢牢抓住其发音失误的关键，并有针对性地采用一些行之有效的方法进行区分。

一、读准字音

在小学语文朗读教学中，读准字音是最基础的要求，是朗读效果的最直观体现。因此，对学生字音的教学应当放在朗读教学的首要位置，将其作为朗读教学中的基础部分开展。

普通话中常见的语音错误包括以下几种。

（一）声母错误和缺陷的基本类型举例

（1）舌尖后音 zh、ch、sh 读为舌尖前音 z、c、s，或舌尖后音与舌尖前音相混，发音部位明显偏前或偏后，或读为听感近似舌尖后音的舌叶音；舌尖前音 z、c、s 发音部位明显偏后或读成齿间音，或读为听感近似舌尖前音的舌叶音。

（2）舌尖后浊擦音 r 声母读为舌尖前浊擦音 [z]、舌尖浊边音 l、半元音 [j]，如"人"读为 [zən]。

（3）舌面音 j、q、x 发音部位明显偏前，读为舌尖前音 z、c、s 或舌面后音 g、k、h。

（4）送气音 p、t、k、q、ch、c 读为不送气音 b、d、g、j、zh、z，或送气音与不送气音相混。

（5）鼻音 n 与边音 l 相混，或舌尖中鼻音 [n] 鼻音色彩弱化，舌尖中边音 [l] 边音色彩弱化，处于 [n]、[l] 之间。

（6）唇齿擦音 f 与舌面后擦音 h 相混。

（二）韵母错误和缺陷的基本类型举例

（1）舌尖韵母 -i 读为舌面韵母 i，或相混，如"自己"读为 jízǐ。

（2）混淆不圆唇元音 e 与圆唇元音 o，或 e 读为 uo 或 ie 或 üe。

（3）圆唇元音圆唇程度明显不够，如 ü、üe、üan 的韵头发音不够圆润。

（4）复韵母、鼻韵母的动程明显不够，如 ie、uo 以及音节 bo、po、mo、fo 韵头含混；an、ian 等韵母归音不太到位。

（5）卷舌韵母 er 读为 e，无卷舌色彩，或虽有卷舌色彩，但较生硬或舌位明显有误差。

（6）后鼻音韵母读为前鼻音韵母，如 ang、eng、ing 读为 an、en、in，或前后鼻韵母相混。

（三）声调错误的基本类型举例

（1）阴平高平调调值 55 读为升调、降调、曲折调，或读为半低平调 22、低平调 11。

（2）阳平高升调调值 35 读为平调、降调、曲折调。

（3）上声降升调调值 214 读为平调、升调。

（4）去声全降调调值 51 读为平调、升调，曲折调。

教师在教学时必须针对学生可能出现的语音错误，分析其原因并积极指导和纠正。例如，学生在发平、翘舌音时，会出现含糊不清的问题，如 z 发成 zh、c 发成 ch、s 发成 sh。为了突破这个难点，教师可以充分借助手势辅助教学，发翘舌音时，平直的手掌心翘起；发平舌音时，手掌平伸。这样就能给学生一个提示，让他们配合教师的手势，进行反复的训练，从而熟练地掌握这些声母的发音部位，准确地拼读出来。在学习鼻、边音的时候，教师需要明确鼻音及边音不同的发音方法，鼻音 n 发音时，舌尖抵住上齿背，舌面上拱贴住上齿龈，双唇稍微咧开，舌头两侧跟两边齿背接触，形成阻塞，软腭下降，打开鼻腔通道，气流震动声带，从鼻腔透出成声；边音发音时，舌尖轻触上齿龈，形成阻塞，软腭上升，堵塞鼻腔通道，声带震动，嘴唇咧开，气流到达口腔从舌头两边通过，同时舌头快速下收。教师在教授鼻边音有关的字词时，可以引导学生将手放置在鼻腔旁边，感受气流是否从鼻腔通过，以此区分鼻音和边音。

二、读准声调

词在朗读过程中很常见，通常由几个字组成，因此在朗读过程中应把词当作一个整体去读。教师在教学字词时也应注重词的连读训练。例如，"花草树木"的读法，有些学生读字读习惯了之后就喜欢将每个字的尾音拖长，读成"花——草——树——木——"，这样就是把词拆开来读了，不仅失去了朗读的美感，还改变了词的意思，原词"花草树木"是代指一切绿色植物，包括但不限于花、草、树、木，将其拆分就将词义局限化了，文章意思也会改变。因此，在朗读教学过程中教师应该帮助学生养成以词为单位来读的好习惯，建立起"词"的概念。

这就要求教师在小学朗读教学过程中，注重引导学生读出词的连续性，帮助学生养成以词为单位朗读的习惯。这样不仅能使学生的朗读更加流畅、自然，还能让学生对文本语意的理解更加顺畅，帮助学生更快、更好地理解文章。教师在教学中可以采取范读、领读、分批朗读等方法，让学生在他人的朗读中感受词的连续性，学习连读方法，提升自身朗读水平，从而使教学课堂效率得到提高。

三、掌握轻声

（一）轻声的定义

轻声是普通话中除阴平、阳平、上声、去声之外的一种又轻又短的声调，它是由于在连续的语流中音节之间相互影响而产生的语音变化。在朗读中掌握轻声能够使朗读更加自然不生硬，给人良好的听感。例如，"你呢"的朗读，如果学生不注意区分它的轻重，那么就会读成"你、呢"，不但读起来死板生硬，而且听起来也很难受吃力。教师可以指导学生把"呢"字轻读，语调轻快一点，这样听起来就很自然流畅了。

（二）轻声的发音规律

有些轻声词并没有严格的读音规定，即在朗读时读轻声、原调均可，但有些轻声词是必须要读轻声的。因此，要读好轻声就要先搞清楚哪些情况下应该读轻声，掌握轻声的发音规律。

（1）作为名词后缀的"子""儿""头""巴"要读轻声。例如，石头、尾巴、桌子。

（2）助词"的""地""着""了""们"要读轻声。例如，蓝蓝的天、快乐地玩、盯着看、注意了、朋友们。

（3）动词后面表示趋向的"来"和"去"要读轻声。例如，跑进来、跑出去、爬进来。

（4）表示方位的词要读轻声。例如，屋檐下、楼上、窗外。

（5）重叠形式的动词与名词后面一个音节要读轻声。例如，试试、尝尝、星星。

（6）语气词"吗""啊""呢""吧"要读轻声。例如，是吗、看啊、是呢、说吧。

（7）量词"个"要读轻声。例如，一个、几个、那个。

（8）多数双音节单纯词的第二个音节要读轻声。例如，玫瑰、萝卜、葫芦、玻璃。

（9）有些约定俗成的轻声音节。①阴平＋轻声，如思量、休息、薪水。②阳平＋轻声，如妯娌、神仙、朋友。③上声＋轻声，如脑袋、委屈、马虎。④去声＋轻声，如上司、意思、位置。

但需要强调的是这些词也不一定都需要轻读，需要结合具体语境判断，如"过去的事情就让它过去吧"中的第一个"过去"无需轻读，第二个"过去"需要轻读，这也就体现了同样的词在不同语境中表达不同意思时其朗读方式也会相应发生改变。这就要求学生在学习时，注意观察其规律，在长期的积累与练习中找到技巧，灵活进行相应处理以达到好的朗读效果。

（三）小学课文中轻声示范

以人教版小学语文二年级上册课文《小蝌蚪找妈妈》为例，课文标题中的"妈妈"就是一个典型的轻声叠词，在朗读时需要将第二个"妈"字轻读。因此，在进行朗读教学时，可以以此篇课文为例文，教授学生轻声词的辨别与读法。

文章中除了"妈妈"，还有"甩着长长的尾巴"中的"尾巴"，需要将"巴"字轻读，这也体现了有些双音节词中第二个音节需要读为轻声的发音规律。此外，文章中"他们看见鲤鱼妈妈在教小鲤鱼捕食，就迎上去"中的"迎上去"需要将"去"字轻读；"向前一跳，蹦到了荷叶上"中的"上"字需要轻读，这体现了位于词尾的表示趋向和方位的词通常读轻声的发音规律。对这些轻声词的朗读教学可以使学生在学习文章的同时掌握轻声规律，使朗读更加流畅自然。

四、读好儿化

（一）儿化的定义

儿化是汉语中常见的一种重要语言现象，不管是在生活中还是在教学活动中，"儿"字作为辅助成分被用在一些词的后面的情况并不少见，经常被用来形容事物的微小、关系的亲密、时间的短暂、速度的快慢、形势的紧张、心情的急切、对事物的喜爱等，如在"芽儿"中形容芽的微小，在"一块儿"中表示关系的亲密，在"一会儿"中形容时间的短暂。"儿"字在词语中起到辅助表达作用，其具体表达内容还需根据词语具体语境进行综合考虑。在朗读时"儿"字与前面的词相融合，形成一个新的音节，只保留了一个短弱的卷舌音。无论是在朗读中还是日常生活中，都要注意对儿化音的甄别与正确发音，否则就会出现词不达意的情况，甚至会闹出笑话。并不是所有词尾带"儿"的都是儿化音，如"幸运儿"等词就需要将"儿"字完整地读出来；而"老头儿"中的"儿"是儿化音，需要进行音变，否则不仅听起来奇怪别扭，还会使整个语义发生改变。

（二）儿化的发音规律

儿化音的应用与读法可以分为以下几种情况。

1. 韵尾是 a、o、e、ie、u 的音节

当词语的韵尾是 a、o、e、ie、u 时，词语有读儿化的可能，这种情况通常会涉及的韵母与复韵母有 a、o、e、ie、u、uo、ua、ou、iou、iao、ia、üe、ao 等。例如，花儿（huār）、花骨朵儿（duǒr）、树苗儿（miáor）等。

2. 韵尾是 i 或 n 的音节

当词语的韵尾是 i 或 n 时，词语有读儿化的可能，这种情况通常会涉及的复韵母有 ai、uai、ei、uei、an、ian、uan、en、uen、üan 等，在进行朗读时

需要将韵尾的 i 或 n 的发音换成 r。例如，汽水儿（shur）、夹心儿（xier）、纳闷儿（mer）、一会儿（hur）等。

3. 韵尾是 ng 的音节

当词语的韵尾是 ng 时，词语有读儿化的可能，这种情况通常涉及的韵尾有 ang、iang、uang、eng、ong 等，在朗读时一般在韵尾中的 ng 后面直接加上卷舌进行儿化。例如，赶趟儿（tangr）、出名儿（mingr）等。

4. 韵母是 i、ü 的音节

当词语的韵母是 i、ü 时，词语有读儿化的可能，这种情况通常在朗读时，直接在音节后加上"er"进行儿化。例如：喘气儿（qier）、有趣儿（quer）、闺女儿（nüer）等。

5. 韵母是 in、ün 的音节

当词语的韵母是 in、ün 时，词语有读儿化的可能，在朗读时通常将 n 换成 er 来进行儿化。例如：有劲儿（jier）、一轮儿（luer）、小树林儿（lier）等。

教学生朗读方法的时候，教师应该先范读再让学生自己尝试读，让学生在长期反复的训练中，逐渐找到朗读儿化音时轻快连贯的感觉，自己去感悟并举一反三，使学生可以在以后遇到此类语气助词时能够巧妙运用这种朗读方法。

（三）小学语文课文中的儿化示范

以人教版小学语文一年级上册《快乐读书吧》章节中的《小兔子乖乖》为例，文章中"小兔子乖乖，把门儿开开"中的"门"的韵尾音节为 en，因此在朗读时应将"门儿"的发音儿化处理；"快点儿开开，我要进来"中的"快点儿"也应做儿化处理。教师在对这篇文章进行朗读教学时，需要由这两个词的儿化引出儿化的辨别以及发音教学，使学生在朗读中能正确处理相关字词，让学生的朗读更加如鱼得水、自然流畅。

五、掌握变调规律

（一）变调的定义

在普通话中，在一些情况下，音节在连续时，相邻音节会发生变化，这种现象就叫作变调。在朗读过程中，字的变调是一种常见现象，常见的变调有上声变调、去声变调、"一"的变调、"不"的变调等。例如，"第一遍"和"看一遍"两个词中的"一"字，前者读第一声，后者读第二声。

变调对于小学受教育者来说也是一个朗读教学难点，具体需要根据具体语境进行区分。这也就要求教学工作者随机应变，帮助学生找到语感，循序渐进地攻破难题。学生在熟练掌握变调规律的基础之上进行朗读，不仅能使朗读更加顺畅，还能给听众以良好的听觉体验。

（二）变调的发音规律

1. 上声变调

上声是个曲折调，发音较长，因此快速连读常常会将其挤短、扯直，不是把开头的下降部分挤掉，就是把末尾的上升部分挤掉。上声的变调规律如下。

上声音节单念或在句尾时，声调不变。例如，人教版小学语文一年级上册课文《金木水火土》中"天地分上下，日月照今古"中的"古"字位于句尾，因此在朗读时声调不发生变化。

上声音节在阴平、阳平、去声和轻声音节前，其调值变为半上。例如，在人教版小学语文一年级上册课文《对韵歌》中"山青对水秀"中的"水秀"为"上声＋去声"组合，在朗读时"水"的声调应变为半上。

上声音节与上声音节相连时，前面一个音节调值变为阳平，后一个音节仍为上声。例如，在人教版小学语文一年级下册课文《姓氏歌》中"双人徐，言午许"中的"午许"为"上声＋上声"组合，因此在朗读时应将"午"的声调变为阳平。

2. 去声变调

去声音节在非去声音节前一律不变调。例如：在人教版小学语文一年级下册课文《小青蛙》中"好让禾苗不生病"中的"生病"就是"非去声＋去声"组合，在朗读时声调不发生变化。

去声音节在去声音节前声调由全降变成半降。例如，在人教版小学语文一年级下册课文《一个接一个》中，"月夜，正玩着踩影子"句子中的"月夜"就是"去声＋去声"组合，因此在朗读时"月"字的读音应由全降变为半降。

3. "一"的变调

"一"在阴平、阳平、上声前，声调变为去声。例如，人教版小学语文一年级下册课文《树和喜鹊》中"从前，这里只有一棵树"句子中的"一棵"为"'一'＋阴平"组合，因此在朗读时，一的声调变为去声。

"一"在去声之前，声调变为阳平。例如，人教版小学语文一年级下册课文《四个太阳》中"高山、田野、街道、校园，到处一片清凉"句子中"一片"为"'一'+去声"组合，因此在朗读时，需要将"一"的声调变为阳平。

"一"夹在词语中间念轻声。例如，瞧一瞧、试一试、想一想、写一写等词中的"一"都读作轻声。

4."不"的变调

"不"字在去声之前，声调变为阳平。例如，人教版小学语文一年级下册课文《一个接一个》中"不过，去了学校，就能见到小伙伴，多么开心哪！"一句中，"不过"为"'不'+去声"组合，因此在朗读时，需要将"不"的声调变为阳平。

"不"在动补结构的词语中间或相同词语中间时念轻声。例如，人教版小学语文一年级下册课文《文具的家》中"所有的小伙伴是不是都回家了"句子中的"不"夹在两个"是"中间，因此在朗读时需要将其读作轻声；又如"差不多""起不来"等词是将"不"字用在动补结构中间，因此在朗读时也需要将"不"读作轻声。

第二节　恰当的停顿连接

在朗读中，需要根据具体语境进行适当的中断或连续，这种中断或连续方式即为朗读的停顿连接，简称停连。一般情况下，停连会出现在层次、段落、语句、词组甚至是词之间。当然，停连不是任意进行的，而是根据语境的要求、思想感情发展变化的要求以及朗读者生理与心理的要求来对文字进行处理的。处理好停连可以使朗读更加贴合语境，更加清晰地表达出段落的含义以及作者的感情。

要想让学生掌握正确的停连方式，就要先教授学生停连的分类以及特点。关于停连的区分，并没有明确的统一分类方法，每个人对文章的理解不同，对停连的位置安排也会大不相同。相关学者通过深入研究接连提出了语法停顿、逻辑停顿、心理停顿等多种停连方法，但著者经过研究发现这些划分方法很难让小学生理解，不适合应用在小学语文朗读教学实践中。例如，语法停顿中"语法"的指向过于广泛，几乎文章中的每一句话都蕴含着语法问题，这样会导致学生对于停连的应用范围不够明确，在教学实践中出现遍地停连、混乱停连等问题。因此，在对多种停连说法进行了深入研究，结合小学教材的课文特点与新课标朗读教学目标要求进行了实践检验之后，著者发现张颂关于停连的研究更具有实践性，不同于大部分停连的说法，他在《朗读学》一书中具体地将停连分出了十种类型：区分性、判断性、呼应性、生理性、回味性、转换性、并列性、分合性、强调性以及灵活性。[①]

一、区分性停连

区分性停连是在朗读时，朗读者根据朗读需求，结合具体语境对文章内容进行组合、贯通的停连技巧。这一停连技巧主要用于区分句子中的成分，包括对语意、语序等的区分。这种停连的运用有助于听众理解文章中内容的差异区分与相似连接。

例如，人教版小学语文三年级下册课文《鹿角和鹿腿》中"就在狮子灰心丧气 / 不想再追的时候，鹿的角 / 却被树枝挂住了"，后半句"鹿的角"是主语，所以应当停顿。虽然一些句子中并没有标点符号，但在朗读过程中仍然要进行停顿来区分语法关系。

小学阶段学生对句子中主谓宾等成分还没有充分的认识，因此教师在教学时需要着重锻炼学生对句子成分的把握，先教会学生什么是主语、谓语等，再教授学生运用停连技巧来对这些成分进行区分。学生在进行区分时，要注意对区分度的把握，过细或过粗的区分都会使文章的语意模棱两可。这就要求学生在对文章整体结构特征与内容特点有一定了解的基础之上进行区分，这样才能在朗读时灵活地对语句成分进行停连处理，从而表达出清晰的语意。

二、判断性停连

判断性停连是一种较难区分的停连方式，它是在朗读过程中为体现人物或作者的思索与判断所进行的停顿。这种停顿方式多用于判断句或人物的交流中。简单来说就是为显露思维过程，表现一定的思索与判断而在文章中运用的恰当停顿处理。

例如，人教版小学语文四年级下册课文《三月桃花水》中"三月的桃花水，是春天的竖琴"，在朗读时，应对"桃花水"的音节进行适当拉长，以此来表

---

① 张颂 . 朗读学 [M]. 北京：中国传媒大学出版社，2010：125.

示对"桃花水"的判断。在朗读具有思索与判断的句子时，相对的停顿时间长短要根据具体语境与心理过程处理。

因此，教师在进行教学时，需要帮助学生感受文章节奏，理解作者思想历程，使学生根据这一理解与感受进行判断性停连的区分。同时在朗读时教师应注意引导学生根据其判断性的强弱进行恰当停顿，以免出现轻描淡写走过场或判断停顿过久、乱判断等情况。

三、呼应性停连

呼应性是指在后文出现与前文一一对应的呼应关系，常见的有首尾呼应、前后呼应、线索呼应等形式，这也要求朗读者能够辨别文章中的呼应关系，搞清楚哪一部分是呼、哪一部分是应，并在此基础上进行相应的停连，增强呼应关系。呼应性在文章全篇结构的梳理上也具有重要作用，朗读时若不注重呼应性，对呼应的成分进行停顿处理，文章听起来就会语言紊乱，尤其是对于插叙、补叙等特殊结构的文章，相应地使用呼应性停连可以使朗读层次更加清楚，保证文章结构的完整性。

例如，人教版小学语文四年级下册课文《天窗》有这样的句子，"从那小小的玻璃，你会看见/雨脚在那里卜落卜落跳，你会看见/带子似的闪电一瞥"，其中"雨脚在那里卜落卜落跳""带子似的闪电"都与句子中的"看见"形成呼应关系，所以朗读时也要稍加停顿来表明这种呼应的关系，使文章层次更加清晰。

这就要求教师在进行教学时训练学生对文章语句以及全文整体结构的感知能力，让学生能够通过自身语感、积累的经验以及对文章内容的理解，准确找出文章中含有呼应关系的句子以及成分，将呼应性停连用对位置。除此之外，教师还要引导学生根据呼应的内容以及强度准确把握停顿的时长，保证朗读的流畅性。

四、生理性停连

朗读要求停连与具体人物状态相贴合，如生理上与心理上状况的异常。朗读者在朗读时为了让听众感受文章中人物的状态，会进行恰当的停连安排。在进行这种停连安排时，要注意兼顾语意的明确与精神实质的展现。例如，在《巨人的花园》一文中，"巨人裹着毯子，瑟瑟发抖。他想：今年的春天/为什么／这么冷，这么荒凉啊"，这句话中多次停顿都为生理停连，这样读可以充分表现巨人"瑟瑟发抖"、被冻得连话都说不利索的生理状态，从而可以让听众如身临其境一般，为听众带来良好的听感与真实感。

教师要想让学生能够准确找出生理性停连的位置，就要先留给学生足够的时间去融入文章，体会文章情感与人物的心理和生理状态，帮助学生在朗读文章时正确运用生理性停连将情感与人物的状态展现出来，增强朗读的真实性以及感染力。

五、回味性停连

回味性停连的主要目的是给读者和听众一定的回味时间，使他们更加深入地理解文章并为他们留有一定的想象空间。这种回味性是朗读者自身情感酝酿的需要，也是听众增强对朗读具体感受的需要。朗读回味性语句之后的停顿要充足，给人充分的回味余地，以达到余音绕梁的效果。例如，人教版小学语文五年级下册课文《祖父的园子》中"它们是从／谁家来的，又要飞到／谁家去？太阳／也不知道"，这几处的停顿为回味性停连，使人不仅对"这些蝴蝶从哪来到哪去"进行思考与想象，还对整篇文章的内涵进行回味，感受文章的深长意味。

因此，在进行教学时，教师应以《狐狸和乌鸦》《吃水不忘挖井人》等意味深长的文章为范例进行教学，让学生感受文章之外的深层含义，引发学生思考，以此引导学生对文章言外之意进行探索。这样有利于学生体会到文章回味性停连的真正作用。

六、转换性停连

转换性停连通常用于句子的语义已经表达完毕，而后面所表达的是另一种语义或与前句相互对立的语义，即文章语言由一个意思变为另一个意思，由一种情感变为另一种情感的跨越性转换关系中。在进行这种关系语句的朗读时，朗读者也应进行适当的停顿和连接以体现语句的转换关系。例如，人教版小学语文五年级下册课文《祖父的园子》中"这种蝴蝶小，不太好看。／好看的是大红蝴蝶，满身带着金粉"，前半句中的"不太好看"与后半句"好看的是"形成语义的对立，所描述的事物改变了，因此中间需要加以停顿来表明前一语义的完结以及语句间的对立关系。

七、并列性停连

并列性停连是最常见的停连之一，它是指在文章中对所处位置相同、作用相同的词语进行的相应的停顿与内部的连接，通常出现在排比句中，即文章中显示出并列关系的句子成分。例如，人教版小学语文四年级下册课文《三月桃花水》中"三月的桃花水，是春天的明镜。它看见 / 燕子飞过天空，翅膀上裹着白云；它看见 / 垂柳披上了长发，如雾如烟；它看见 / 一群姑娘来到河边，水底立刻浮起一朵朵红莲"，其中后三句"它看见"的宾语并不分前后顺序，是并列关系，在朗读过程中应在"它看见"之后稍加停顿，来表明这种并列关系，并由此来突出主语"三月桃花水"的"明镜"特征。

在小学阶段，学生最为熟悉的并列性语句便是排比句，教师可以根据这一情况，以排比句为例进行并列性停连示范教学，通过长期的训练，让学生逐渐认识其他并列性语句，并能在此基础之上进行停连的适当应用。需要注意的是，在进行相应成分的停顿处理时，应引导学生灵活进行停顿，不宜过于生硬，有些并列性成分在内容上也具有一定的联系，处理时可相应地把相近的分为一组，相近的成分之间停顿比各组之间停顿略短一些，这样区别处理可以避免朗读变得刻板。

八、分合性停连

按照文章内容，分合性停连具体分为先分后合、先合后分以及先合后分再合、并列关系等情况，应通过进行相应的停顿处理，使其中的关系显现出来。例如，《三月桃花水》中"三月桃花水，是春天的明镜"与下文"它看见燕子飞过天空，翅膀上裹着白云；它看见垂柳披上了长发，如雾如烟；它看见一群姑娘来到河边，水底立刻浮起一朵朵红莲"为总分关系，后面三句的描写都是对第一句的具体描写，因此总句后面添加了句号来表明长时间的停顿，这样根据停顿时间的长短就可以轻易地区分出总与分的关系。

教师在进行教学时，可以先通过让学生标出段落层次、画出文章分段等形式组织学生进行具体文章结构划分训练。学生充分掌握了文章分合划分规律后，教师再教授学生分合性停连的运用技巧，稳扎稳打地提升学生朗读水平。

九、强调性停连

强调性停连是为了突出句子中所要表达的内容而进行的适当停顿，所强调的内容可以是一个词、一个词组、一个句子甚至是一个小层次。强调性停连通过适当停顿将其需要强调的成分与其他成分区分开来，从而使听众也可以分辨出被强调的成分。例如，人教版小学语文四年级下册课文《琥珀》中"海风/猛烈地吹，澎湃的波涛/把海里的泥沙卷到岸边"，在"海风"与"波涛"后稍加停顿，可以突出海风的猛烈与波涛的澎湃，这样读出来可以在保持句子完整性的前提之下使整句话更具有感染力。

在进行教学时，教师需要引导学生提高对文章中主要成分的筛选能力，这一主成分便是需要强调的内容，即强调性停连的应用位置。在进行强调性停连应用训练时，教师要引导学生根据文章具体情况灵活运用停连，停顿的位置可以在强调成分之前或之后，有时也可在前后同时进行停顿处理。

十、灵活性停连

灵活性停连，顾名思义，其本身具有较大的灵活性，但这种灵活性需从文章的内容出发，在其所允许的范围内进行。灵活性停连反映出朗读这种有声语言的多样性与生动性，其运用并不能一概而论地进行，也没有万能的公式可套。在教学时教师需要让学生在保证文章语意清晰、情感状态饱满的基础之上，对停连的时间、数量以及位置稍加调整，使其区别于某些固定的处理方式，从而使学生体会到朗读的新鲜性与活泼性，感受到朗读的灵活多样性，以此提升学生的朗读能力。

例如，在朗读具有很多情绪爆发点的语句时，就需要最大程度贴合人的真实情感，也就是根据文章情感爆发的位置，忽略标点符号，进行停连，以求充分发挥出文章情感。比较经典的是《雷军长》一文中连续的发问和咆哮，在激动的情绪下，雷军长不可能淡定地一句一断地进行表达，故朗读需要一气呵成，还原其真实情感。另外，以《老人与海》中老人刚刚遭遇大鱼时的独白为例："它只要一跳，或者往前一蹿，也许，就会要了我的命。"说这句话时，老人已经意识到了大鱼的强大、威胁，甚至可能会"要了我的命"，因此在处理的时候，语气应是紧迫、急促的，可把"它只要一跳""或者往前一蹿""也许"

这三个短句和词组连起来，情随声动，达到强调最后半句"就会要了我的命"的效果。

又如，朗读中根据所要表达的思想和意境，有时候需要有大段时间的留白，这既是基于情感表达的习惯，又是为了达到区分、强化的效果。仍以《老人与海》为例，旁白的语言有以下几句："成群结队的鲨鱼向船边的大鱼发起猛攻，那撕咬鱼肉的声音，使老人再一次站立起来。他决心捍卫自己的战利品，就像捍卫他的荣誉！当老人终于回到他出海的那个港口，天空第三次黑暗下来。"前两句描写的是斗志昂扬的老人，最后一句却是老人已经筋疲力尽。因此，必须进行很明显的区分，除了需要在情感上有变化，长久的留白更是必不可少的。留白在这几句之间能够起到区分情感、强化最后一句的作用，另外，也为后面老人悲壮的失败埋下伏笔，意蕴深长。

在朗读中，灵活性停连往往能够为朗读增添一抹亮色，也能够体现个人朗读的特征，如朗读者朗读习惯的不同以及对文章理解的不同所导致的处理方式的不同。使文章具有鲜明的个人色彩也是让朗读变得灵动的重要方法。

第三节　鲜明的节奏变化

节奏在生活中表示做一件事情的流程规划以及进展过程的快慢，在音乐中表示一首曲子的总体基准以及调性，而在朗读中的体现则是抑扬顿挫、轻重缓急等声音形式。所朗读文章的文体以及其所蕴含的情感色彩不同就会导致文章的节奏、文章内节奏的变化不同。因此，朗读训练也应包含对文章节奏的识别的训练以及对不同节奏文章或句子进行朗读的方法的训练，朗读节奏的具体分类如图 2-1 所示。

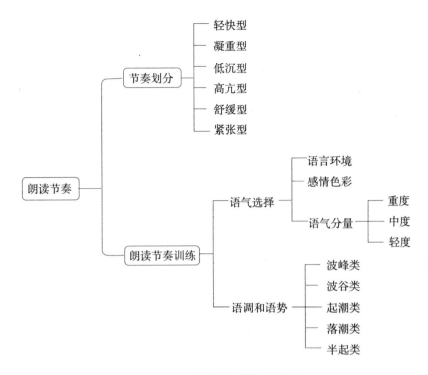

图 2-1　朗读节奏与训练分类图

一、朗读节奏的分类

（一）轻快型

轻快型节奏多用于简单明了或者全文感情基调欢快轻松的文章之中，这种节奏要求在朗读时声音轻而明亮，停连较少而且时间较短，重音也较少，整体给人感觉流畅轻巧，具有灵动性与跳跃感。例如，人教版小学语文二年级下册课文《村居》就是一首典型的轻快型朗读素材，尤其是后两句"儿童放学归来早，忙趁东风放纸鸢"描写了孩子们放学归来后轻松快乐一起玩耍的景象，朗读时就应相应地将语调变得轻快活泼，展现孩童天真无邪、轻松快乐的特点。

（二）凝重型

凝重型节奏与轻快型节奏相反，这种节奏主要用于内容较为平稳，感情变化较少或感情较为深刻宏伟的文本之中，要求朗读时语气沉稳，声音平缓而洪亮，停连较多并且时间久，适当放慢语速，降低语调，从而与整篇文本内容相呼应。例如，人教版小学语文二年级下册课文《邓小平爷爷植树》中"1987 年

4月5日，是个令人难忘的日子"为文章的总领句，蕴含凝重色彩，整句话"难忘"一词最为突出，这一词也是全文的中心，在进行朗读处理时应该相应地放慢语速进行突出强调。

（三）低沉型

低沉型节奏的文章所蕴含的感情色彩偏暗沉且复杂，这类文本对朗读者的理解能力以及表现张力要求较高，朗读之前要适当调整好情绪，将自己融入文章中去。落潮类语势多应用于此类文本，语气应低沉缓慢，充分表现文章所蕴含的深沉情感。

例如，人教版小学语文二年级下册课文《雷雨》中"满天的乌云，黑沉沉地压下来"，这句话主要描述下雨之前暗沉的天色与氛围，属于低沉型文章语句，在朗读时要贴合语句，将语调降低、语速放慢并进行相应的重音运用，突出这种低沉的文章节奏。

（四）高亢型

与低沉型节奏相反，高亢型节奏通常精神饱满、热血澎湃，因此在朗读时要保持高亢的精神面貌，多用起潮类语势，语速根据文章内容的需要可以适当加快。

例如，人教版小学语文二年级下册课文《祖先的摇篮》就属于一首高亢型诗歌，在朗读这一首诗歌时情绪应该是饱满激昂的，朗读者要充分感受原始森林中的美好事物，读出那些美好而又遥远的回忆。

（五）舒缓型

舒缓型节奏轻松且愉悦，具有乐观明朗的特点，朗读时声音也应跟着变得舒缓轻松，发音的气流应尽可能长，同时保持声音的清澈，适当放慢语速可达到语势轻柔、舒展的效果。

例如，人教版小学语文二年级下册课文《要是你在野外迷了路》，全文以对话口吻告诉读者如果在野外迷了路应该如何辨别方向，娓娓道来，呈现舒缓型节奏，让人感觉头头是道、轻松明朗，因此在朗读时也应以舒缓语气进行表达，给人以轻柔愉悦的感觉。

（六）紧张型

与舒缓型相反的是紧张型节奏，这类节奏的文本往往情节紧凑、情感跌宕起伏，所以朗读时要根据文章内容加快朗读节奏，停连时间应较短，重音也应较少，需要将紧张的氛围落实到声音中去，语势多变，是较难掌握的朗读节奏之一。

需要说明的是，大多情况下，一篇文章会包含多种节奏，因此在朗读教学中教学不仅要强调根据节奏运用不同的语气、重音以及停连进行表达，还要引导学生注意不同节奏之间的转换以及相同节奏不同句子之间的过渡。

有不同类型的节奏，就有不同的朗读处理方式，包括基本语势、语气的选择与转换，应根据不同文章、段落、语句的节奏类型，选取不同的朗读技巧，使朗读有轻重缓急、抑扬顿挫，从而让朗读不仅更加生动形象，还能时刻紧扣听众的心弦，增强朗读的吸引力与感染力。

二、节奏中语气的选择

由于句子是一篇文章的基本单位，也是作者情感的载体，因此在朗读过程中，也应注意句子所蕴含的情感以及各句子的节奏、不同句子之间的节奏变化等，再用朗读技巧巧妙地把情感表达出来。具体应该将文本中句子的感情色彩通过适当的高低、强弱、快慢、虚实声音体现出来，这些声音统称为语气，顾名思义就是语言与气息的结合，语言表达情感，气息体现状态，而语气是朗读节奏的具体表现。一篇文章的朗读节奏的调整离不开语气的运用，两者结合才能将文本所蕴含的感情淋漓尽致地展现出来。因此，语气的选择也是朗读的必修之课，主要分为以下几种情况。

（一）选择语气应符合特定的语言环境

如上所述，句子的语气是用来更好地表达文本思想感情的手段，是文章节奏的具体体现。因此，需要提前充分了解全文的感情基调，只有在此基础上才能知道文章哪一部分需要运用什么语气来朗读，如果脱离语言环境随意地把握语气不仅会导致朗读者自己难以进入情境、切实体会文章，还会导致听众无法真实感受文章的内容与情感，甚至出现语意理解错误而曲解文章内容。例如，"你好吗？"在日常生活中的运用通常表示询问，体现友善，而当语境为两个人吵架之后或是生气时，这句话通常带有嘲讽等不好的意思。

总而言之，语气的运用要贴合句子的语言环境，这样才能有效发挥语气的作用，才能更好地表达出文本的情感，使朗读达到最佳效果。

（二）分辨不同语气带有的不同感情色彩

不同于停连与重音的使用，语气更依赖于朗读者的个人语感与体会，它并没有具体的系统与公式去套用，同一句话用不同的语气读出来就是不同的意思，因此能否体会作者的感情就显得尤为重要，需要朗读者做的就是准确体会到作者的感情后运用声音气息的变化将其展现给听众。例如，表达饥寒交迫时，朗读者往往采用虚弱的语气；表达伤心难过时，朗读者的声音往往带着一些颤抖与哽咽；表达勇敢与热血时，朗读者往往采用慷慨澎湃的语气；表达开心快乐时，朗读者语气中应带着一些愉悦与轻快。除此之外，还应根据人物性格因素、外界环境因素等具体分析。

当然，在表达复杂情感时，朗读者通常也会将不同的语气叠加使用，但应该注意区分主次，读出层次与重点。总而言之，一切对语气的使用都应该建立在全文感情基调的基础之上，不能妄加揣测随意使用，也不能套用公式进行刻板朗读。

（三）明确不同语气的不同分量

在上述内容中，朗读要体会作者的感情基调，一切朗读方法的运用都是在此基础上进行的，但除此之外，语气的运用还应该注意分量。所谓语气运用的分量，就是给文章重点句子足够的语气以进行强调与突出，体现其在文本中的重要地位；次要的语句就适当运用语气，为那些主要成分让路。一般可将语句的分量分为重度、中度与轻度三层。

1. 重　度

这种分量的语句主要包括文本中体现文章主旨、内涵、线索的关键性语句，因此应该对应地使用重度分量的语气加以突出强调，可以使用停连中的长时间停顿、重音中的较突出重音以及较为鲜明的语气来凸显。

2. 中　度

一般来说文章中中度分量的语句占大多数，这种语句一般含有自己的内涵但比重度语句所表达的内容少，因此朗读时要用中度分量的语气进行修饰。这种分量的语气比较常用也比较容易使用，它相较于重度语气要弱一些，可以使用稍长但不显突兀的停连以及重音来进行朗读。

3. 轻　度

轻度分量的语气往往用于文本中那些不重要、内涵不深以及情感色彩较少的语句。在朗读时，可以适当使用较短的停顿与重音，减少语气中的感情色彩，使其自然地被一带而过。

朗读中的语气是带有鲜明个人色彩的一个重要部分，它也会根据朗读者的不同以及相同朗读者状态的不同而发生改变。但无论如何，好的朗读中语气的使用一定是恰如其分的，因此要想用好朗读语气，重点还应放在对文章感情基调以及对文字的细致感受上。

三、语调和语势

语调是指朗读时声音的调性变化，具体来说就是声音的起承转合、高低升降。而语势表示声音调性的发展趋势，在朗读时语调会随着不同词句的改变而发展变化，因此语势即语调的趋向与态势也是朗读过程中需要注意的事项之一。语势是变化的语调，由于语调具有复杂性以及曲折性，所以语势的运用需要朗读者具有把握和驾驭文本内容走向与情感发展的能力，而且能根据走势匹配适当的语势，或平直，或上扬，或弯曲，或下降，来彰显出文章的流动性与发展性。要把语势和语气当作有机的整体来看待，语气体现情感色彩，而语势则是语气的有机组成部分，它是所运用的语句的声音形式的总程与幅度，彰显句子各总程以及个句子之间的内在联系与发展变化。正确运用语势，适当的语气便会显现出来，这样才能引导声音根据文本进行状态转变与情感变迁。

（一）波峰类

波峰类语势即语句中语调整体走势呈中间高、两头低的波峰状，如图2-2所示。

图2-2　波峰类语调走势图

值得注意的是，中间较高的语调的出现往往伴随着重音的使用。例如，"小男孩嚷道：'是他干的！不是我！'随后自顾自地哭了起来。"这句话中，"小男孩"是在突出强调是"他"干的，所以"他"就位于整句话中的波峰位置，也应重读，由此进行强调，突出"小男孩"的愤懑与委屈。

（二）波谷类

波谷类语势，顾名思义，就是语调的整体走势呈两边高、中间低的波谷形态，如图 2-3 所示。

图 2-3　波谷类语调走势图

这与前文所说的波峰类语势的形态相反。需要注意的是，重音应放在两端或是句腰上进行加强突出。

例如，"妈妈的怀抱是世界上最温暖的地方"中，"妈妈的怀抱"以及"最温暖的地方"是句子中需要强调的部分，朗读时要把语势的峰值放在这两个地方，同时进行重读，句子的感情色彩便凸显出来了。

（三）起潮类

起潮类的整体语调走势就像起潮时海水一波接着一波、层层递进的状态，即从句首开始语调逐渐上升，呈上行趋势，直到整句结尾语调达到最高点，如图 2-4 所示。

图 2-4　起潮类语调走势图

需要注意的是，这种递进并不是字字上行、词词上行的，而是像图 2-4 所示，是一个曲折的过程。

例如，"我看见过波澜壮阔的大海，玩赏过平静如水的西湖，却从没看见过漓江这样的水。"可以体会到句中"我"的情感是层层递进的，直到最后突出"漓江这样的水"的罕见特殊，因此使用起潮类语势可以贴合文章情感色彩。

（四）落潮类

与起潮类相反，落潮类的整体语势走向则是层层向下的，它就像涨潮之后的退潮，逐渐消逝。体现在语势上就是句首为语调最高处，之后逐渐下行，直到句尾达到最低点，如图 2-5 所示。

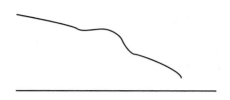

图 2-5　落潮类语调走势图

与起潮类相同的是，落潮类的语势也不是字字低、词词低，也是如图 2-5 所示的一种曲折变化过程。

例如，"才过了一周，就逐渐有绿芽破土而出，感受泥土之外的世界了。"这句话中，需要强调的部分为句首的"一周"，因此在将语调的最高点放在"一周"上并加以重读，突出绿芽破土而出时间的短暂，也表达出作者的惊讶与欣喜。

（五）半起类

半起类语势多用于句子走势只起了一半，需要结合后面的句子进行朗读才算完整，如图 2-6 所示。

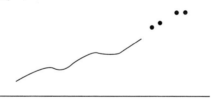

图 2-6　半起类语调走势图

简单来说，半起类语势就是起潮类语势行至途中，声停气存，疑问句或含有分节符号的句子就是如此。这就要求在读半起式语句时匹配使用相应的半起式语势，从而更好地表现文章情感走势。

以上论述了五种语势的主要特征以及运用情境，但无论是在教学过程中还是在朗读时，都会遇到各种文章以及各种情感内容走势，所以不能硬套以上模式，而是要学会自己分析研究文章，在理解文章的基础之上进行朗读与运用朗读方法，根据具体感情的走向把握好声音的语势，这样才能达到最佳的朗读效果，提升朗读水平。

总之朗读的节奏要与文本的基调相一致，这是使朗读合乎作品的语义情感与逻辑关系的重要朗读技巧，这要求学生在充分感悟文章内容的基础之上进行朗读表达，并在朗读中把握好自身所要表达的情感内容，控制好声音的收与放、语调及语势等。做好这些仅靠教师的讲授是不够的，学生需要在朗读中自己领悟，在长期的训练与积累中得到提升。

第四节　多样的重音表达

重音在一句话中的位置往往会影响这句话所表达的意思，在朗读中正确地运用重音可以充分体现语言以及文章的目的，同时使朗读更加抑扬顿挫、富于变化，这也是让朗读变得更具感染力的有效手段之一。

重音表达指的是朗读时为强调或突出某一成分而做出的加重处理，为文章思想内容以及作者思想感情服务。想要掌握好重音的表达技巧，就需要朗读者对整篇文章的主旨、内涵以及情感方面有一定的理解，以本句为出发点，着眼于全篇文章，联系上下文，以具体语境中的语言目的为依据来确定重音的位置以及重音的表达方法。

同样，重音也可以按照其作用的类型分为并列性重音、对比性重音、呼应性重音、递进性重音、转折性重音、强调性重音、比喻性重音、拟声性重音、肯定性重音、反义性重音十种。

一、并列性重音

并列性重音主要用于文本中出现的有并列关系的词句，数量不少于两个且在文章中所处的位置基本相同。值得注意的是，并列性重音一般用于文章相同位置出现的相似词语而不是相同词语，也就是说一模一样的词语一般不属于并列性重音运用范围。并列性重音用于朗读中，具有体现文章语句的主体的作用，正确使用并列性重音可以撑起文章的全篇结构。

例如，人教版小学语文五年级下册课文《祖父的园子》中"花开了，就像睡醒了似的。鸟飞了，就像在天上逛似的。虫子叫了，就像在说话似的"。这三句话呈并列关系，其中"开""飞""叫"三个字都是为了突出各自主语状态而使用的并列词，因此在朗读时需要进行重音处理，这种就叫作并列性重音。

与并列性停连的教学一样，教师可以以排比句为例进行并列性重音示范教学，通过长期的训练，让学生逐渐认识其他并列性语句，并能在此基础之上，朗读时适当应用重音。需要注意的是，教师应引导学生灵活运用重音，不宜过于生硬。

二、对比性重音

对比性重音多用于含有对比层次与观点的句子中，用来突出氛围对比，深化情感对比。

例如，人教版小学语文五年级下册课文《月是故乡明》中"在我这个小孩子眼中，虽不能像洞庭湖'八月湖水平'那样有气派，但也颇有烟波浩渺之势"。两句话存在对比关系，比起洞庭湖的"有气派"，村子里的"大苇坑"在小孩子看来也很有"烟波浩渺"的气势。因此，应将两句中的形容词进行重音处理，体现"我"这个小孩子视角下"大苇坑"的广阔气派。

在进行朗读教学时，教师需要引导学生在使用重音时先明确句中关系，以此来确定对比性重音位置。朗读含对比关系的句子时，一定要先区分出句子成分的主次关系，再用重音将其层次体现出来，不可像并列性重音一样将对比的成分置于同样的地位。

三、呼应性重音

呼应性重音的应用范围与前文中所提的呼应性停连应用范围基本一致，大多用于暗含呼应关系的文本。根据呼应方式的不同，可以将呼应性重音分为问答式呼应性重音、线索式呼应性重音以及领起综合式呼应性重音三种。

（一）问答式呼应性重音

问答式呼应性重音顾名思义，主要用于问答句之中，为重点强调问答句中前后呼应的词与句。例如，人教版小学语文五年级下册课文《梅花魂》中"有一天，母亲忽然跟我说：'莺儿，我们要回中国去！''干吗要回去呢？''那儿才是我们的祖国啊！'"为典型的问答句，所问与所答之间存在呼应联系，应用重音来读出其中关系。

（二）线索式呼应性重音

这种呼应通常贯穿全文，起到线索作用，朗读时将其进行重音处理可以使文章脉络更加清晰，层次鲜明。例如，人教版小学语文三年级下册课文《花钟》中"凌晨四点，牵牛花吹起了紫色的小喇叭；五点左右，艳丽的蔷薇绽开了笑脸；七点……"应对贯穿文本的时间线索进行重音处理，使文章更具有逻辑性，听众的感受也会循序渐进，从而使听众得到良好的听感。

（三）领起综合式呼应性重音

有时在文本中会出现首尾呼应的情况，这种结构也叫作领起综合式。例如，人教版小学语文三年级下册课文《我们奇妙的世界》首段写"这是一个奇妙的世界，一切看上去都是有生命的"。尾段写"是的，世界上存在的奇妙的事物是无穷的，只要我们去寻找"。这两句做到了首尾呼应，因此朗读过程中也要通过重音来强调这种呼应关系，使全文结构脉络清晰，主题鲜明。

四、递进性重音

不少文本，尤其是议论文，讲究内容按一定顺序层层递进，要体现这种递进关系，朗读者就要在朗读时按照递进的顺序进行重音处理，这种重音就是递进性重音。递进性重音的主要作用和特点是将句子往一个方向逐步推进，往往后面的重音又比前面的重音层次更深，如"还""也"等关联词所在的句子中一般会出现递进关系，这种语句一般具有继承与延续的作用。对这些句子使用递进性重音，可以将其连成一条线，不仅能将文章层次体现得更加鲜明，还能使听众感受到文章的前进性与发展性。

例如，郭沫若的《亭子中间》的这一小段，"竹叶烧了，还有竹枝，竹枝断了，还有竹鞭，竹鞭砍了，还有深埋在地下的竹根"。这里"枝""鞭""根"就是递进重音，这些重音的突出能够让画面立体地展现在听众面前。

五、转折性重音

转折性重音，顾名思义，是指用来凸显语句的含义由一面向另一面发生转变的句子或词组的重音，一般用于含有"但是""不过"等前后呈转折对立关系的句子中。正确运用转折性重音可以揭示出文章语句之间发生的不同方面的变化。转折性重音在文章中的地位时轻时重，有时是直接与文章的主旨相挂钩，有时只是递进性语句的反衬。这也就要求朗读者对转折性重音灵活应用，充分根据语句的地位进行安排，不可墨守成规，这样才能使朗读充分展现文章的"文气"。

例如，人教版小学语文三年级下册课文《陶罐和铁罐》中"人们立即动手，翻来覆去，把土都掘遍了，但是，连铁罐的影子也没见到"。此处的重音处理应强调那个骄傲不已的铁罐被腐蚀得"连影子也没见到"的意外转折，深化文章的内涵，从而表达其讽刺意味。

六、强调性重音

强调性重音是朗读中最常见也是最简单的重音处理方式，顾名思义就是对文章中人物描写、关键事物、具体目标等需要进行强调突出的词句进行重读，达到强调和突出的作用。需要注意的是，强调性重音的使用一定要符合朗读的目的、紧抓文章的重点、符合表达的需要。在此基础之上，将作用词组语句加以强调能够加强其效果给人以强烈印象。

例如，人教版小学语文三年级下册课文《陶罐和铁罐》中"'呦，这里有一个罐子！'一个人惊讶地说。'真的，一个陶罐！'其他的人都高兴地叫起来"。应对"罐子""陶罐"进行重读，以体现人们发现陶罐时惊讶与高兴的情感，增强朗读的代入感。

七、比喻性重音

比喻性重音就是在遇到含有比喻性词语的文本时，对这些词进行重读，主要用于那些为了增强语句的形象性与可感性而采用比喻修辞的句子或词组。在使用比喻性重音时需要注意抓住其比喻的内涵与核心，抓住句子的深层含义而进行重音的使用。要注意的并不是所有的比喻性语句都需要运用此类重音，如果将文章中所有出现的比喻性语句都进行相同的重音处理，只会使朗读显得生硬突兀，因此在朗读时要有灵活性思维，在对文章整体解读、对句子成分与地位整体考量之后再进行比喻性重音的适当使用。

例如，人教版小学语文三年级下册课文《鹿角与鹿腿》中"他不着急离开了，对着池水欣赏自己的美丽：'啊！我的身段多么匀称，我的角多么精美别致，好像两束美丽的珊瑚！'"小鹿将自己的角比作美丽的珊瑚，重读可以使比喻更加生动形象，突出小鹿对自己角的迷恋，也为后面美丽鹿角所带来的灾祸埋下伏笔。

八、拟声性重音

拟声词在小学语文课本中并不少见，这些词通常出现在文章中用来描摹场景、烘托氛围等地方，是着重形容当时声音状况的拟声词。在朗读带有这种拟声词的文本时，对拟声词进行适当的重读可以使句子更加灵动，带给听众身临其境的感觉。对拟声词加以强调就是拟声性重音，但值得注意的是，拟声性重音都是拟声词，而拟声词不一定都需重读。要注意从作品出发，根据拟声词在句子中的位置与在文章中的地位来把握其与中心词的内在关联，再来确定是否把拟声词作为重音。

例如，人教版小学语文二年级下册课文《笋芽儿》中"沙沙沙，沙沙沙。春雨姑娘在绿色的叶丛中弹奏着乐曲"中的"沙沙沙"为拟声词，是模拟春雨降落产生的声音，对这个拟声词进行重读可以使句子更加欢快，突出文本轻松愉悦的色调，让人身临其境。

九、肯定性重音

肯定性重音主要用于文章里表示肯定的句子中，用来强调所肯定的观点、事物、情感，突出对其的肯定态度，如"是""有"等，一般位于这些词之后的部分都带有肯定色彩，判断其所具有强调色彩的轻重之后，便可适当施加肯定性重音。

值得注意的是，要在朗读中判断肯定性重音，并不能单靠这些肯定性词语，而是要将目光放到整体句子以及整篇文章当中，去根据其主要意图进行判断，在确定其肯定色彩之后，再对其要肯定的内容以及肯定"是"还是"不是"进行考量，最终做到正确合理地使用肯定性重音。在小学语文课文中肯定性句子是最为常见和最简单的句子，因此，肯定性重音的运用也会经常得到训练。形成一定的朗读语感与习惯之后，朗读水平自然会得到提升。

例如，"不要开枪，大伯，是我！"根据整句话判断出"是我"在句子中为需要突出的主体，且含有肯定色彩，因此朗读时需要运用肯定性重音对这两个字进行强调处理。

十、反义性重音

一篇文章中时常会出现对事物或观点的褒与贬，为了委婉体现贬义，作者通常会采用"反语"形式进行描述，即会用一些反义性词语。这些词语的运用通常含有作者想要批判错误但又不想明示的言不由衷的虚假语气，所以在朗读时遇到此类词语也应加以重读，借此来突出作者想表达的深层含义。运用这种重音时需抓住最具代表性、最能体现批判性的实质性词语，朗读时既不能轻描淡写又不能字字着力，而是要根据具体语境进行恰当处理。

例如，《纪昌学射》中"纪昌对自己的成绩很满意，以为学得差不多了，就再次去拜见飞卫"，根据文章整体内容判断，纪昌此时的射箭技术还远远达不到高超，但是他却对自己很满意，认为"差不多了"，体现出他真实水平与自我认知的冲突矛盾，因此在此处运用反义性重音可以突出人物的骄傲自大的性格特征，反映出其洋洋得意的心理，丰富人物形象。

以上便是关于重音的分类以及运用，可以发现无论是什么性质的重音，在朗读过程中都要结合具体语境进行区分。因为如果仅仅是生硬地套用，不仅难以正确有效地表达出文章内容与感情，还会导致朗读死板，难以发挥朗读的作用，所以在朗读之前需要对文章内容进行整体感知，还要多加练习，以便形成良好的语感以及朗读习惯，这才是提高朗读水平的正确途径。

第三章　小学语文朗读教学中的朗读技巧

对于小学阶段的儿童来说，仅仅学会运用朗读方法是远远不够的，他们的声带还没有进入变声期，因此声音相对较为稳定，在此时进行发音训练更容易见效。然而，这一阶段的儿童，支持其进行小学语文朗读活动的呼吸器官、发音器官和共鸣器官还未发育完全，即便他们知道朗读时应该怎么读，也知道运用什么方法表达情感，也会由于自身的气息、声音等"硬件"条件发育的不成熟而无法达到理想的朗读效果，导致心有余而力不足。因此，不同于其他年龄阶段的朗读教学，在小学语文朗读教学过程中，教师还应重视学生气息、发音方式的训练，以此来强化学生的朗读基本功。以下主要说明在美声中的三种气息声音训练方法，其放到朗读教学之中也同样适用。

第一节　胸腹联合式呼吸法

一、胸腹联合式呼吸法的概念

美声认可的呼吸方法主要有两种：腹式呼吸与胸腹式联合呼吸。其中胸腹式联合呼吸是主流。

胸腹联合式呼吸法，顾名思义，就是胸与腹共同参与呼吸过程。其生理作用过程是在吸气过程中，膈肌下移从而导致胸腔内压力减小，当其小于大气压时，将胸部放松，剑突以下周围呈扩张状态，慢慢地，气息被负压吸入身体之中；呼气时则相反，胸腔进行扩张，小腹自然收缩，此时膈肌向上移动，当其压力大于气压时，气息由肺部挤出。这一完整的呼吸过程就是胸腹联合呼吸法。

二、胸腹联合式呼吸法适用的朗读类型

（一）长篇文本的朗读

在小学语文教材中，长篇课文或诗歌是朗读教学的重难点之一，由于其具有篇幅长、长杂句较多、信息量大等特点，学生在朗读时经常会遇到一口气读不下来、在中间断句导致朗读断断续续、语义表达不通顺、难以理解文本内容等情况。许多教师会由于以上原因放弃此类文章的朗读教学，但这些长篇幅的文章往往更能体现作者的智慧，通常蕴含着更多值得学生深入探索的内容，会让学生受益良多。因此，对此类文章的朗读教学是不可被忽视的重要教学，即使会面对很多教学困难教师也应迎难而上，帮助学生解决朗读难题。

在长篇文本朗读中，运用正确的呼吸方法尤为重要。运用胸腹联合式呼吸法能够帮助学生正确熟练地用一口气读完一整句话，并随着文章语境与内容变化进行自然的补气、换气等，做到句首的换气无声且到位，句中的补气从容且自然，句尾的结气干净且踏实，这样才能使整篇文章的朗读如行云流水般自然，同时保证朗读的连贯性与逻辑性，给人良好的听觉感受。

（二）高亢文本的朗读

气息的运用往往还与文章的情感表达息息相关。情感高亢、情绪发展形式较高的文本，在朗读时需要做到情绪饱满。但对于小学阶段儿童来说，过于饱满的情绪容易导致其在朗读时出现"扯嗓子读"、破音等情况，此时运用胸腹联合式呼吸法进行呼吸调节，可以使声音变得平稳有力，在表达高亢情感时也不会由于情绪过激而呼吸紊乱，出现朗读时用力过度、破音等情况。

除此之外，一篇文章中常常会出现大量情感色彩不同的语句，需要朗读者根据文章中的情节发展和情感变化合理调整气息状态，发出不同语气的声音，生动诠释文章的情感。例如，当文章情感较为平和时，朗读者需要控制气息，展现出放松、通畅的状态；当文章情感较为愉悦欢快时，朗读者需要控制气息更加流畅轻快，展现出活力的状态；当文章情感较为凝重低沉时，朗读者需要控制气息更加厚重，力度增大，以保证气息的厚度来发出较为低沉的声音……这就需要学生在掌握胸腹联合式呼吸法的基础之上，熟练地控制和运用自身的呼气吸气状态，贴合文章具体情感走向，让文章的朗读更具感染力。

（三）紧张型节奏文本的朗读

胸腹联合式呼吸方法也适用于紧张型节奏文本的朗读。紧张型节奏文本大多数情节紧凑、跌宕起伏，就像音乐的节拍一样，忽快忽慢、高低不平。这就要求朗读者能根据具体情境要求变化朗读节奏，或快或慢抑或快慢结合，这时候朗读者可以将胸腹联合式呼吸法中的"慢吸快呼""快吸慢呼"以及"快吸快呼"适当运用到朗读中，从而快速适应文本节奏，有条不紊地朗读。

三、胸腹联合式呼吸法的训练

小学阶段儿童的呼吸器官大多处于发育期，具有肺容量较小，肺活量少，呼吸肌不够发达，各项呼吸器官贮备能力较差，呼吸频率较快的特点，在朗读方面表现为他们对声音的控制能力不足，时常出现气短、气弱，一句话读不完整便断了气，朗读时声音发虚、发飘，等等。因此，气息训练尤为重要，教师需要结合学生的生理特点及发展状况为之安排胸腹联合式呼吸法的训练。

胸腹联合式呼吸法的总体感觉如下。在进行吸气时，气流从口鼻被吸入肺部，这时会感觉到身体的两肋向外扩张，腰部收缩，腹部扩张，膈下降。例如，闻花香：想象远处飘来一股花香，认真地闻一下，是什么花的味儿？这时气会吸得深入；又如，坐在椅子的前沿，上身略微前倾，思想集中到自己的后背并同时吸气，感觉气息"沿着后背"缓缓吸入体内。在进行呼气时，气流缓缓被挤压出去，同时小腹逐渐放松，膈肌和两肋逐渐恢复自然状态。例如，发 a 的延长音，要保持音高自然一致，音质纯净清晰，发音时间持续 25 ～ 30 秒为合格；又如，吹蜡烛，控制好气息，吹歪蜡烛的火苗，使其既不直又不灭，持续时间越长越好。

（一）快速协调性呼吸

快速协调性呼吸训练的目的是让学生感知气息的吸吐状态与肌肉运动的幅度变化、呼吸的速率以及吸气量等内容。这种训练可以使学生初步了解胸腹联合式呼吸的方法，感受在进行胸腹联合式呼吸运动时自身的生理状态。

胸腹联合呼吸法的训练要求吸气时，学生先保持站立状态，挺拔舒展身体，然后张大嘴巴，想象惊讶、喜悦的状态，快速将气息吸入腰部；吐气时，学生将双唇收拢成小圆洞状，快速收腹吐气。训练中可以让学生将双手放在腰两侧来感受呼吸时的肌肉运动。在整个快速协调性呼吸过程中，吸气时间约占30%，吐气时间约占 70%。在训练过程中需要着重注意的事项如下。

第一，教师要引导学生在吸气时忘记腹部的存在，将重心放在腰部，将腰两侧扩开些，尽可能地把吸入的气息带入腰部，这样可以防止气息过于集中到小腹形成较僵的腹式呼吸；在呼气时恰恰相反，学生需要忘记腰部的存在，使腰部放松，将重心放在腹部，主动收腹，运用腹部肌肉的收缩进行吐气。在吸气完成之后，要迅速进入吐气状态，将气息稳定、快速、有序地吐出，中间不要出现漏气。这要求学生对参与进来的各部分肌肉进行有效控制，使整个过程中吸入和呼出的气息均匀有力，做到呼吸流畅，踏实舒展，连贯积极。

第二，在吸气过程中学生需要注意控制吸气量只占到总体肺活量的 70% 即可，不可以吸太多，也不能吸太少，并在整个过程中保持身体放松。

第三，在训练过程中教师要引导学生把握好呼吸的节奏、呼吸的力度和呼气吸气的量，还要明确训练的最终目的是把学生下意识的自然呼吸状态训练成科学规范、对朗读有用的呼吸状态。

第四，在刚开始进行胸腹联合式呼吸训练时，学生可能会出现快速呼吸造成的大脑缺氧、头晕等现象，这些是正常现象，教师可以通过调节训练时间、组织学生进行间歇性训练等解决此类问题。

在刚开始练习的时候，很多学生会出现"快吸"，即一口气吸太满的情况，这是对吸气控制不到位造成的，需要提高快速且稳定吸气的能力。教师可通过适当的引导和练习帮助学生熟练掌握这种状态，使之每次快速吸气的量逐步稳定。需要注意的是，朗读时并不是一口气用完了再吸，而是在一口气快要用完的时候就利用停顿时间及时补气，因此一口气吸六到七成满是足够的。

对初学者来说，快吸的气息量不足就会在朗读时很快用尽，不自觉地就会出现"快吸快呼"的现象。因此，快吸慢呼的训练应在学生熟练掌握快吸能力的基础上进行，当快吸能够吸入足够多的气流时，学生就会自然而然地掌握"慢呼"的要领。

（二）中速稳定性呼吸

中速稳定性呼吸要求学生先通过快速协调性呼吸训练掌握胸腹联合式呼吸方式与技巧，教师再在此基础上训练学生呼吸的规范性与稳定性。

中速稳定性呼吸法的训练要求吸气时，学生在站立状态下，保持身体挺拔舒展，同时张大嘴巴，想象惊讶、喜悦的状态，以中等速度将气息稳定地吸入腰部；吐气时，学生将双唇收拢成小圆洞状，进行匀速收腹吐气。训练中教师可以让学生将双手放在腰两侧来感受呼吸时的肌肉运动。在整个中速稳定性呼吸过程中，吸气大约1秒钟，吐气大约2秒钟。在训练过程中需要着重注意的事项如下。

第一，此阶段的呼吸控制训练要求学生控制吸气与呼气的速度不宜过快也不宜过慢。许多学生总是会陷入呼吸速度越慢越好的误区，这也导致其在练习过程中，会有意地将吸气与呼气的速度放慢，这样不仅会打乱呼吸的节奏，还会削弱吐气时腹部收缩的主动性，起不到稳定呼吸的训练效果。

第二，在训练过程中，吸气与呼气要具有连贯性，即中间不能出现中断或分离的情况，要在吸气即将达到最大量之前就准备进入呼气阶段；在呼气没达到最大量之前，就做好准备进入吸气阶段。用更专业的话说就是"吸中有呼，呼中有吸"，呼与吸连贯舒展、连绵不绝。

第三，与快速协调性呼吸训练不同的是，中速稳定性呼吸训练虽然只要求学生在吸气时将气息稳定地吸入腰部，但实际上学生的腰部和腹部都需要舒展扩充，留有足够的气感。在吸气的过程中，学生需要主动感受腰部的运动变化，保持腰腹一体的呼吸状态。在将气息吐出时，学生需要控制腹部进行收缩，腰部保持放松状态，产生轻微的内收或扩张。呼气的关键点在于腹部的收缩是强力有效的，稳定地带动周围肌肉群进行挤压，避免产生收空现象，气息和腹部肌肉的收缩、对抗和使用要实在、有效、协调。

（三）慢速应用性呼吸

慢速应用性呼吸是学生最终需要应用到朗读中去的呼吸方式，是学生最终控制气息的训练方法。这一阶段的训练必须在完成前两个阶段训练的基础之上进行，是能帮助学生有效感受呼吸与肌肉的协调、稳定控制呼吸的应用训练。

它的训练方法的吸气部分与以上两种相同，都要求吸气时学生处于站立状态下，保持身体挺拔舒展，同时张大嘴巴，想象惊讶、喜悦的状态，以中等速度将气息舒展、稳定地吸入腰部。不同的是，然后就需要将嘴巴闭上，用鼻子吸气至腰两侧，稍微停顿，好像憋住一口气的状态，将腹部收紧的同时将腰部舒展开来。在训练中需要注意的事项如下。

第一，慢速应用性呼吸训练的三个核心词汇是吸气、憋住、用劲，所谓吸气就是将气体稳定地按照相同速率吸入肺部，保证整个吸气的过程匀速进行，且吸气的速度不过快也不过慢。整个吸气的过程耗时大约1.5秒，吸入气体的量占肺活量的五到七成，从而为接下来的用力、呼气留出足够空间。如果吸入的气体过多，就会导致肺部僵住，后面再用力就会漏气，也就没办法再去控制和使用气息了。

第二，吸气过程结束之后，不应迅速地进入吐气过程，而应将气息憋住，存在自己的肺部，保证嘴巴和鼻子的密闭性。应运用腹部肌肉群带动整个腹部进行收缩，同时带动腰部扩展，使用一定的力量去运用这个气息进行朗读，控制整个过程在 0.2 ～ 0.5 秒。在进行以上吸气、用气的操作时，学生会发现，所使用的气息和肌肉群体实际上正处于一种对抗的状态，这也就是朗读中的控制气息与运用气息的状态。

第三，在吐气时，要将气体快速地吐出，以保证下次吸气的流畅性。这个过程需要注意的是由于经过前面的训练，学生已经能够有效控制与运用气息，所以在呼气时不需要刻意地慢速呼气。

许多教师和家长最担心的是这种阶段式的胸腹联合式呼吸训练会将学生的呼吸肌肉练僵，这种担心是没有必要的。这种阶段式的呼吸训练法是根据小学阶段学生年龄特征进行的有效设计，学生是在进行了胸腹联合式呼吸的感知训练与稳定训练的基础上，进行第三阶段的练习，所以这是一个能够让学生取得有效进步的循序渐进的过程，第三阶段的力量运用也只占很小一部分，并不会达到将肌肉练得僵硬的地步。

（四）三个阶段的关系

从整体上看，这三个训练阶段是一个循序渐进的强化训练过程，它们内在之间也具有一定的联系，共同构成了胸腹联合式呼吸训练的有机整体。第一个阶段帮助学生感知呼吸方式，为后续阶段训练开展奠定基础；第二阶段是训练学生控制肌肉与气息的过渡阶段，是在第一个阶段训练的基础之上，为第三阶段的训练做的准备；第三阶段是在前两个阶段的基础之上进行的实际应用的锻炼。

事实上，在这三个呼吸训练阶段中，并没有迅速和慢速的呼吸训练。迅速呼吸和慢速呼吸两种呼吸训练是有效的补给和调整呼吸的办法，不作为关键呼吸流程，尤其是迅速呼吸训练，如"狗喘气式呼吸"，这类训练对呼吸肌肉群的锻炼十分重要，但是对初学者和呼吸调整水平较低的小学生而言，迅速呼吸训练不易把握和控制，还容易使呼吸的节奏感、呼吸和肌肉组织的灵活性产生问题。慢速呼吸训练是训练深层呼吸的匀称性和增强控制力的好方法，但是这种呼吸训练也容易使气息僵化、憋闷，缺少流动性和灵活性。

最后，对学生胸腹联合式呼吸法的训练要做到从生活中来，到生活中去，当学生的胸腹联合式呼吸达到生活化水平，即将其融入生活，变为下意识的自动呼吸方式时，学生对其在朗读中的应用自然也会较为容易。

第二节　共鸣控制

一、共鸣控制的概念

共鸣控制是朗读者利用共鸣原理对声道中的共鸣腔进行适当的调节，以达到提高语音清晰度和美化声音音色的目的。朗读的共鸣控制原则是加强口腔和咽腔共鸣，保持适当的胸腔共鸣和鼻腔共鸣。加强口腔和咽腔共鸣是通过口腔控制调整各个元音的发音部位，找到既准确清晰又有较好声音色彩的最佳发音部位。它要求朗读者根据不同字音，特别是不同元音的发音特点调整发音状态，纠正不良发音习惯。因此，加强口腔和咽腔共鸣是与吐字密切相关的问题，它与语音的具体音段有直接关系。

与口腔和咽腔共鸣不同，鼻腔和胸腔共鸣具有超音段性质，两者可表现在各个元音之中。根据一般共鸣原理，共鸣腔大小和开口度对共鸣频率和强度有直接影响。作为容积相对固定的腔体，胸腔和鼻腔的调节主要是通过对腔体开口的控制进行的。胸腔的开口是声门，发音时声门适当打开，喉呈放松状态，音高适当降低，可增加胸腔共鸣。鼻腔的可控制开口在软腭部位，发音时软腭上抬可减少鼻腔共鸣。朗读者的共鸣控制并无统一的标准，应根据共鸣控制的基本原则并结合每个人不同的声音色彩和有声语言表达的需要而定。

二、小学儿童共鸣器官的特点

由于小学儿童的共鸣腔体尚未发育完全，所以不能将其定型。很多小学儿童共鸣腔体的上部发展比下部稍快，原因是这一阶段的儿童运用上部较多，也就是小学儿童对口腔和头腔的运用较为广泛，而对胸腔共鸣等下部共鸣的运用较少。此外，小学儿童共鸣腔体较为狭窄，声道短且小，这也是童声显得稚嫩清澈的主要原因。对此年龄阶段儿童的共鸣控制训练应以头腔共鸣、口腔共鸣、鼻腔共鸣等上半部分共鸣为主，以免损坏儿童共鸣腔体以及发音器官。

三、共鸣控制在朗读中的应用

小学语文教材中的文章内容各异，这就要求学生在朗读时能根据不同文章的不同朗读要求与不同情感内容，正确地使用共鸣。以人教版小学语文三年级下册课文《燕子》为例，整篇课文讲述的是春日万物复苏，燕子飞来的景象，通篇描写燕子体型小巧可人、动作轻巧灵活。由此可见本文的基调是轻松灵动、欢快愉悦的，因此在朗读时为了突出这种氛围，应多用口腔共鸣让声音变得圆润饱满，适当使用鼻腔共鸣，少用头腔共鸣，从而充分体现出文章的自然和谐与生机勃勃。

相反，在人教版小学语文三年级下册课文《九月九日忆山东兄弟》中，通过对故事的解读，学生可以发现这首诗满含作者对自己身处异乡的悲叹、对他乡亲友的思念之情。因此，在朗读时为了突出这种悲凉色彩，学生需要通过头腔共鸣来加重声音的深沉感从而做到对诗中感情的真切表达。

总体来说，朗读是一件灵活性很高的艺术性活动，其关键在于朗读者对所朗读篇目的理解与挖掘，要求朗读者根据自己的理解进行朗读方法、共鸣方法的选择与应用，这对于朗读者的文本理解以及随机应变能力的要求较高，这种要求并不是靠套用系统模式就能达到的，朗读者只有通过长期反复的训练，逐渐找到感觉才能逐步提高朗读水平，增强朗读能力，将所朗读的文本更好地诠释出来，给听众带来良好的体验。

四、共鸣控制的训练

根据小学儿童的发育特点，本次主要研究以下三种共鸣控制训练，这三种共鸣关系如图 3-1 所示。

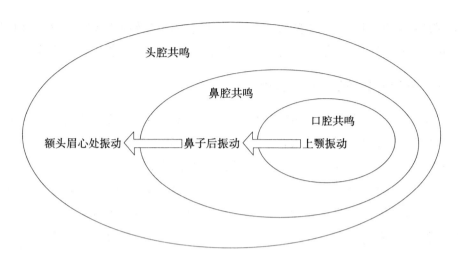

图 3-1　共鸣关系示意图

由图 3-1 可知，共鸣关系呈包含性与递进性，因此在教学时，教师应根据三种共鸣的关系设置教学环节，循序渐进地帮助学生掌握共鸣控制的技巧和方法。

（一）口腔共鸣

口腔共鸣，顾名思义是声音发出之后在口腔中形成的共鸣，其科学原理是通过声带附近的肌肉、软骨和气息对声音的传送，将声波沿着硬腭向上齿背方向推送。这时，声波随着气息的推送离开喉咽部分流畅向前，在口腔的前上部分引起机械波，声音即在硬腭前部集中反射，这时人会兼有鼻腔打开、畅通的感觉。这种共鸣会使声音变得更加雄壮。

要获得口腔共鸣，就要在发音时，口腔自然上下打开，笑肌微提，下颚自然放下稍向后拉，上颚有上提的感觉，在生活中常见的例子就是"打哈欠"。在打哈欠时，人往往会发出平稳且浑厚的一声"啊"，这个"啊"就蕴含了口腔共鸣。声音在口腔内部进行折射从而发生共振，因此声音也随着共振变得不那么单薄，而是具有厚度。在训练时，要将口腔尽可能大地打开，也可以在打哈欠中寻找感觉，先尽可能多地吸一口气，然后将口腔打开发出打哈欠一般的"啊"声。

口腔共鸣的训练除了要注意口腔的打开，还要注意训练口腔内部与上颚的协作。进行共鸣训练时，应在口腔中打开牙关，将上颚尽可能地向上提，同时维持口腔的打开状态，保持下巴放松。

教师应将以上发音动作训练融入课堂，并指导学生反复练习，直到学生能够缓慢稳定地发出"啊"的声音，并且做到发出的"啊"声圆润且饱满，这样他们就基本掌握了口腔共鸣的技巧。

（二）鼻腔共鸣

鼻腔共鸣是使鼻腔加入共振之中，将声音变得明亮起来的共鸣控制方法。无论在歌唱还是在朗读中，鼻腔共鸣都是最常见、最有效的共鸣控制方法之一。鼻腔共鸣要求在练习时，将焦点放在鼻腔处，让喉部发出的声音在鼻腔内撞击回旋，从而产生共鸣的效果，使声音变得洪亮。

要获得良好的鼻腔共鸣还需要注意以下几点。

将舌头用力往口腔后上方伸会明显感觉到一块凹凸不平的地方，这就是软腭，它处于口腔上颚的后面三分之一处，表面具有被黏膜所覆盖的横纹肌，形状为弓形，这也是鼻咽腔的底部，具有将声音推送给鼻腔的作用。在进行鼻腔共鸣时，软腭也发挥着重要作用，它通过自身的运动，使鼻腔的形状发生变化，从而导致声音产生变化。哼唱练习便于使软腭中部产生机械波，扩大鼻咽腔，同时打开鼻咽腔的下部。

以软腭运动控制鼻腔共鸣时，需要注意对颌关节的控制，保持上下颌关节的开闭幅度不超过 1 厘米且活动速度缓慢，这样才能更好地达到鼻腔共鸣的效果。鼻腔共鸣的重点是控制声波正确进入鼻腔中，同时保证将气息隔绝在鼻腔之外，将气息与声音分割开来，以达到更好的共鸣效果。

教师在教学过程中引导学生练习朗读字母 m 也是帮助学生掌握鼻腔共鸣的有效方法。闭上嘴巴后，用声带发出 m 的声音，会感觉到鼻子后方在不自觉地进行振动，并辅助发音，这就是鼻腔共鸣的感觉。学生可先从闭上嘴哼鸣开始，找到感觉之后再逐步将嘴巴打开，试着发其他的音，如此循序渐进，有一天便可以运用鼻腔共鸣读一整句话、一篇文章，这种朗读可以让声音变得明亮且富有磁性。

（三）头腔共鸣

不难理解，头腔共鸣就是在发声时头腔产生共振，增添声音的厚度与深度。头腔共鸣是在口腔共鸣的基础之上，加入鼻腔、额窦、鼻梁等部位的共鸣。如果说口腔共鸣是将声音变得圆润饱满，那么头腔共鸣就是将声音集中起来，使其变得冰凉、空灵，更具穿透力和金属感。头腔共鸣与口腔共鸣共同作用，可以使声音丰满而不至于微弱空虚，使声音变立体。

在学生基本掌握口腔共鸣和鼻腔共鸣技巧的基础上，教师可以引导学生再次运用哼鸣的方法寻找头腔共鸣的感觉。许多教师在组织共鸣控制训练时，会陷进"声音大就是好"的误区。实际上正确的共鸣训练并不会对音量的大小有要求，就像头腔共鸣控制训练一样，会让学生通过低声的哼鸣，感受头部眉心位置的振动，深入体会此时的发声部位和状态。这样做有利于将声音正确地传入头腔，易于理解，不费力气，进而达到事半功倍的效果。

除此之外，头腔共鸣的训练也需要注意口型，学生应将上颚尽可能打开，就像嘴里含了一颗鸡蛋，让声音就像一条线从喉部经过鼻腔往额头方向冲，这种共鸣控制训练较难，需要经过长时间的练习才会感受到眉心处的振动。

因此，在组织训练时，教师可以引导学生将训练融入生活中去。例如，课间与同学交流时，用头腔共鸣训练中的说话口型与发声方式进行"夸张"对话，这样在提高了训练频率的同时富有乐趣，寓教于乐，从而能更快、更有效地达到训练效果。

第三节　吐字归音

一、吐字归音的概念

吐字归音是语言表达的重要基本功，尤其对于朗读教学来说，教师更需要训练学生吐字，以使学生的朗读达到吐字准确、清晰、圆润、集中和流畅的效果。从古至今，人们总是追求声音圆润，常以"吐字如珠"形容声音之圆润美好，这种说法形象地形容了字音的圆润与吐字动作之间的密切关系。

对一个字的音节的发音过程进行细致研究后，可以将其分为出字、立字、归音三个过程。要想完善吐字归音，就要针对这三个过程进行细致的训练，让吐字变得更加清晰、饱满、利落。吐字归音最早用于戏曲演出的台词训练，由于其训练的有效性也被广泛应用于朗读、唱歌、话剧等艺术语言的训练中，成了对表演者语言表达的重要要求。因此，要想达到更高水平的朗读，吐字归音的训练是必不可少的。

例如，朗读时声音的含糊不清就是吐字存在问题。可以将吐字形象地理解为将所说的内容从嘴里面"吐"出来。作为一种信息传达方式，无论是在朗读还是在平时说话中，吐字都应做到准确、清晰、圆润、集中与流畅。

二、吐字归音的过程

（一）出　字

要想让吐字变得清晰，发声时就要第一时间让人识别出所读的字，这就要求对字头的处理清晰明了、干净利落。在出字时，嘴唇要有力并且将力量都放在字头上，形成一种将音叼住然后将其弹出的感觉。其中"叼住"强调发声时咬字的力度要大，口部肌肉具有些许的紧张感，用一定的力量来阻气。应将这些力量集中在一条线进行发力，增加声音的集中度，而不是满口用劲。同时用劲讲究一个"巧"字，虽说"咬字"，但不能将字咬得过紧，这样会使整个字的发音过于沉重，显得笨拙；也不能将字咬得过松，会使发音太弱，导致整个音节听起来模糊，影响整体朗读效果的清晰响亮。

字头一般由声母和韵母的韵头共同构成，因此在进行字头的发音时，要注意韵头的处理与声母相贴近，从而使学生保证字头到字腹读音的流畅性，使整个发音更加协调一致。

（二）立　字

处理字腹时要在保证口型正确的基础上进行气息填充，做到字腹发音饱满与充实，这也就是通常所说的立字。字给听众的感受应是立体的，而不应该是扁平无力的，这就要求朗读者在处理字腹时留有足够的气息，再结合正确的口型，进而让字腹变得更加圆润饱满，做到立字饱满、拉开立起。字腹的主要构成是韵腹，韵腹是韵母中最重要的部分，需要进行着重处理。在发音时应努力将口腔打到最大，使发出来的音是整个过程中最丰富也最响亮的，让其与元音之间有明显的差异性。整个发音的过程应该是滑动完成的，即发音的动作应在本音的基础上有轻微的变化，以保证前后连接流畅，尤其是在复合元音的韵母中，这种滑动性更加明显。

需要注意的是，当字腹是 i、u、ü 等需要将舌位抬高的元音时，更要保证口腔张开较大幅度，这样才能使字腹的发音更为明亮圆润。在教学活动中，教师可以多组织教师范读学生跟读形式的活动，借此教会学生正确的口型和正确的发音。

（三）归　音

字尾的发音训练主要对应吐字归音中归音的部分。所谓归音，就是在一个字或一句话的朗读即将结束时做出的收尾处理。字尾归音讲究快且完整，即不要拖泥带水故意拉长音，也不要只读半截字，在保持字音朗读时的完整性的情况下及时收住，不影响下一个字的朗读，做到弱收到位、趋势鲜明。字尾在一个音节的发音进程中处于口腔由开渐闭，咬字器官肌肉由紧渐松的阶段。到位指尾音应归到的方位，舌位的动程要有明显的趋向，咬字器官应有一个渐闭的进程。弱收则是指字尾的发音渐弱趋正的进程，但在趋正的进程中要保持发音动作的完好，保持字音结束的趋向。

以上是将字的音节拆分进行逐个攻破来达到吐字清晰的具体要求，但平时朗读时不可能对每一个字都进行拆分研究，这就要求朗读者在掌握了一定的朗读技巧后，锻炼朗读的速度。速读法是锻炼语音准确、吐字清晰的有效方法，所谓速读就是快速朗读，如平日里的绕口令练习，不仅能有效地提高学生吐字清晰度，还能锻炼学生思维与反应速度，从而可以更好地适应不同节奏的文本朗读。

三、吐字的具体要求

（一）吐字准确

吐字准确也就是要求朗读时保证"字正"，关键点在于对声母发音的完善程度，先保证发音部位的准确性，并在此基础上对所发的音进行修饰与完善，保证其具有弹力。朗读者应正确运用发声部位，将字音正确且规范地读出。在当下小学语文朗读教学中，吐字准确的依据是普通话的语言规范，因此吐字归音的练习需要在普通话规范的基础之上，结合文章的具体情境与要求，把字音发得更完美、更悦耳。朗读中吐字的准确关乎一般人不容易察觉的细微的发音部位、发音方法以及唇形、舌位的要求和字调、语调的标准、规范。

（1）按照声母的发音方法分类进行发音练习。注意成阻、持阻和除阻三个阶段的发音要领，对比送气音和不送气音气流的强弱，分清清音和浊音并掌握其发音特点。

（2）按前响复韵母、中响复韵母和后响复韵母进行分类发音练习。注意唇形圆展、大小和舌位前后、高低的变化，突出韵腹的响亮度。

（3）进行声韵拼合训练。一是按韵母的结构分类（单、复、鼻韵母）与声母进行拼合练习，二是按韵母开头的实际发音分类（开、齐、合、撮"四呼"）与声母进行拼合练习。

进行以上训练时，应该注意抬起上颚、放松下巴，尽量打开口腔，以利于增强口腔共鸣，改善音质音色，达到准确规范、清晰流畅、圆润集中、颗粒饱满的最佳效果。

（二）吐字清晰

朗读中吐字准确是基础，吐字清晰是听众对朗读的最直观感受，如果吐字不清、模糊、音量小，会导致朗读连最基本的信息传递都做不到，何谈深层体会与感受。因此，吐字清晰也是朗读教学重要目标之一。当然，吐字清晰是建立在吐字准确的基础上，指的是字音清晰，这也是优质朗读发声的一大特点。吐字清晰不能单纯依靠加大音量而获得，朗读中的吐字清晰可以通过一系列行之有效的发音技巧练习而成。

在小学朗读教学中，大部分学生已经学习并掌握了拼音，都知道每个字都是由一个音节组成的。而一个音节又可以分为字头、字腹、字尾三部分，大体上字头就是声母，字腹就是韵母，字尾就是韵尾。吐字发声时一定要咬住字头，这时嘴唇一定要有力，将发音的力量放在字头上，利用字头带响字腹与字尾。字腹的发音一定要饱满、充实，口形要正确。发出的声音应该是立着的，而不是横着的，应该是圆的，而不是扁的。但是，如果处理不好，就容易使发出的声音不圆润。字尾主要是归音。归音一定要到位，要完整，也就是不要念"半截子"字，要把音发完整。当然字尾也要能收住，不能把音拖得过长。速读法是一个锻炼语音准确、吐字清晰的有效方法，原因是能训练咬字清晰度、发音准确度，而且能训练思维的敏捷度和反应的速度。具体训练方法如下：

学生可以找一篇演讲词或一篇优美的散文，然后拿来字典、词典把文章中不认识或弄不懂的字、词查出来，彻底弄明白，然后开始朗读。朗读的过程中不要有停顿，发音要准确，吐字要清晰，要尽量使发声完整。

（三）吐字圆润

吐字圆润是对学生朗读吐字的第三个基本要求。人们常常将圆润的声音和嗓音联系在一起。实际上由嗓音形成的圆润音色与由吐字形成的圆润音色是有区别的。

上文中提到字腹的处理要圆润饱满，这也是吐字圆润的重要要求之一。要想让朗读给人感觉优美、动听，就要做到每个字都吐字圆润。在我国传统说唱中，听众赞扬吐字饱满为"吐字如珠"，这也从侧面反映出字音的饱满程度与气息、口型动作的密切联系。因此，吐字圆润要求吐字时发音到位、丰富共鸣，将每个字修饰完善，做到字字有型。

1. 打开口腔

发声时为了语音清晰圆润，需要让口腔打开。可以通过提起颧肌、打开牙关、挺起软腭，放松下巴来打开口腔，从而为字腹的立起创造条件。提起颧肌不是做微笑状，而是使颧肌稍有紧张感就可以了。颧肌提起时，上唇应贴紧牙齿，这样在发音时，唇就有了发力的依托，吐字会更加清晰、明亮。打开牙关主要指打开后槽牙，让它们有向上提起的感觉，这样也会加大口腔的打开程度，让口腔产生更丰富的共鸣。挺起软腭指抬起上颚后部，以此增加口腔后部的空间，同时避免气流过多进入鼻腔，避免鼻音浓重。发音时，如果下巴过于用力，会造成舌根的僵硬和喉头的紧张，让声音通道也相应变窄。所以为了发音，朗读者要主动放松腭骨，将下巴放松，从而减轻喉部的负担。

2. 力量集中

唇的力量要集中到唇的三分之一处。如果唇的力量不够集中，字音就会相对松散。想使舌的力量更为集中，成阻部位就要呈点状接触，而不是片状接触。

3. 明确发音时声音线路

声音应该沿着软腭、硬腭的中纵线推到硬腭的前部。这样做会使声音集中，音色明朗，穿透力强。

综上所述，只有通过字头的叼住、弹出，韵腹的拉开立起，韵尾的弱收到位，以及多个器官互相配合才能真正使语音悦耳动听。以上为实现字正腔圆的有效方法。

（四）吐字集中

吐字集中的"集中"并不是指字的集中，而是指发音的集中。发音集中给人最直观的感受是声音变得更有磁性、更明亮、更具穿透力。发音集中的训练包括上文所提到的共鸣控制、重音的使用等，主要是采用正确手段让朗读者的声音具有目标感、距离感、交流感，做到声声入耳。

对于吐字集中的练习最常见的方式就是大声朗读、大量朗读，这里的"大声"并不是一味地扯着嗓子朗读，而是在朗读时将感受贯穿到整体发声中，使尽可能多的器官加入辅助发声行列中去，以此建立更多的共鸣，从而得到声音质量的有效提升，这种感受只能在进行大量的朗读的过程中逐渐摸索，自行体会。

（五）吐字流畅

吐字流畅是指在朗读过程中保证所读字、词、句的流动性，使其能够与整篇文本相融合，让听众听到的不是一个一个的字词，而是将其融合在一起的语流，听众通过聆听这种语流来获取信息、受到感染。吐字流畅要求朗读者能够灵活自如、轻快流畅地吐字归音，做到发声符合汉语语音出字、立字、归音的规律。

因此，朗读者对每个字、每个词以及每句话之间的衔接应处理得当，要保持语句成分的完整性又不拖泥带水，自己读得顺畅，让听众听得也顺畅。

速读法是练习吐字流畅的有效方法，就像相声演员、播音人员等需要吐字流畅的相关人士都会进行速读法练习，常见的就是绕口令练习，要求在读的时候尽量一口气读完不磕绊，不停顿。在朗读教学活动中，教师可以让学生自行找来一篇散文或者演讲词，先通过查工具书、询问老师等方法将其中的生字、生词查出来，弄明白，然后开始朗读。朗读时，应在保证发音完整的基础上逐渐加快速度，反复朗读并逐渐加快朗读速度，逐渐达成吐字流畅的效果。

综上，吐字归音的要求包括吐字准确、清晰、圆润、集中、流畅五条。对吐字归音的训练是一个立体把握的过程，是字音在发声过程中咬字器官相互协调完成的整体过程，而不是对字音的机械分割。朗读者要在发音不同阶段都能够迅速做出对下一阶段的处理，在保证其整体的滑动性基础之上，对每一阶段的处理都尽量到位。这对灵活性、敏捷性的要求较高，因此要反复进行训练，尽量形成肌肉记忆，久而久之也就能够养成良好的吐字习惯，对朗读起到很大的帮助。

四、归音的具体要求

（一）趋向鲜明

字尾是处在字头和韵腹之后，位于音节末端的部分，它的发音过程是在一个音节的发音过程中，力度逐渐放松、气息逐渐减弱、口逐渐闭合、声音逐渐停止的阶段。如果字尾的归音不到位，便会直接影响字音的完整性。字尾的归音与字头的出字和字腹的立字相比，难度更大。字尾归音要求字的字尾部分发音完整，不能虎头蛇尾，只顾字头、字腹，而不顾字尾。趋向鲜明是指唇舌动作要到位，如韵尾是 i 的音节，字尾发音时的舌位应抬到一定高度；韵尾是 u 的，发音时唇型应收圆；韵尾是 n 的，发音时舌尖要收到上齿龈，并阻住口腔通道，鼻音一出立即收声；韵尾是 ng 的，舌根应收到软、硬腭交界处，并阻住口腔通道，鼻音一出立即收声。

（二）弱收到位

归音还要求声音弱收，所谓弱收是指字尾发音时唇舌力量渐弱，声音简短，点到为止，不可过紧、过长。字尾发音最容易出现的问题就是不归音或归音不到位。这往往是由于吐字时只注意了声音的响亮，没注意音节的完整，忽略了气息和声音处于收落阶段的字尾，造成了说半截字的现象。也有的是矫枉过正造成的，把字尾收得过紧、过强，违反了发音的生理规律，听起来僵硬呆板，这也会影响归音的效果。除此之外，值得注意的还有，不是所有的字都是有字尾的，如"大"字的字头是 d，字腹是 a，它就是没有字尾的音节。

第四章　小学语文朗读教学中的情感表达

第一节　深化文本研读

小学语文教材中出现的每篇文章都是由相关学者、专家以及优秀教师千挑万选而来的，无论是从德育功能、智育功能上看，还是从美育功能方面来说，都可以称得上典范，是值得学生学习与模仿的样本。因此，在小学语文的朗读教学中，教师应引领学生充分挖掘和品味教材文本的内涵，让学生感悟其中的"美"，潜移默化地接受"美"的熏陶和影响，从而达到教学目的。

一、准确解读文本

（一）以文本为出发点

文本不仅是朗读教学的核心，还是小学语文教学活动的重要内容，因此无论是在朗读教学环节，还是小学语文的其他教学环节当中，正确理解文本都是教学活动开展的重要基础。为了避免在解读文本时出现解读不完整、解读有歧义甚至解读偏离本意等情况，教师与学生无论解读任何文本都应以文本本身为出发点，不随意揣测、妄加定论。

教师与学生解读文本之前应充分了解文章写作背景、作者简介等内容，这也是课前预习的重要内容之一；解读时应先了解文章整体基调，再逐句分析，深入解读文章中每句话所蕴含的感情与内涵，应做到站在作者的角度看待问题；最后，在朗读中师生还可以充分发挥创造性思维，开展丰富的想象，当然，这种想象不是完全弃文本于不顾的、随意的想象和创造，而是基于文本的联想，这有助于学生更深入地理解文本的内容。

只有这样才能真正做到"以文本为出发点"，为朗读的进行奠定稳固的基础。具体来说，师生需做到以下几点。

1. 正确解读文本

正确解读文本是以文本为出发点解读文本内涵的基础，要求学生对文本的解读方向正确，把握住文章的价值取向，这样才能将文章的精要提炼出来，为朗读提供内容与情感基础。

首先，正确解读文本需要抓住文章的主要内容，把握文章大体结构，再进行细致分析，这样才能有目的地解读。其次，要抓住文本的语言进行解读，文本语言通常是作者与读者对话的基本方式，是通达作者内心的桥梁，因此对文本语言的解读就是对作者表达方式以及想要表达的思想的解读，是整个解读环节的核心所在。最后，要抓住文章主旨，诠释文章主旨是文章教学的必然归宿，教师在解读文本时引导学生解读文章主旨，不仅可以培养学生的综合分析能力和概括能力，还能帮助学生深入理解文章的核心内容，理解文章的主要内涵，从而提升文本解读能力。

2. 多元化解读文本

解读文本的过程实际上是一个个体感悟文章、获得情感体验的过程。由于文章本身具有多层取向，所以在解读过程中，读者所看到的层面往往与自身生活经验、知识结构、信息加工方式等息息相关。这就会导致不同的读者，站在不同的立场，以不同的角度产生多种不同的解读，由此造成文本解读的多元化，这种多元化带有不同读者多元的个性特征。但需要注意的是多元化解读文本必须是在洞悉文本的中心思想与情感态度之后，再结合已有生活经验，提出自己的独到见解，这就要求读者在正确解读文本的基础之上进行多元化解读，从而保证充分尊重作品的原意。

尊重原意要求读者对文本有充分、全面、正确的了解。作家的情感气质、艺术素养等各不相同，因而在创作中会表现出丰富多样的格调、气派和趣味，形成不同的作品风格。一般来说，适时地让学生在学习中了解作者的身份、经历、生活背景和作品的风格流派、创作背景等，有利于学生正确把握文本主旨，做到尊重原意。还原是连接作者与朗读者、艺术世界与生活世界的桥梁。在文本朗读过程中，教师可以引导学生通过想象还原作品的语言环境、生活、历史、场景与情感，贴着作品的意象去理解作品思想内容，体验作者的生活经历与情感历程。还原可以将历史与现实、作者与读者对接起来，返回原初历史，返回原初生命意志，返回原初生活世界的精神意志，尽可能地贴近作品，贴近作者，使读者能够凭借想象的翅膀到达特定的历史空间去感受和体会作者的生活、生命、情感世界，从而能更深刻地体会文本主旨，做到尊重原意。只有对文章内容以及情感态度有了充分把握后，在此基础上对文章进行多角度分析，才能做到真正的多元化解读，这也是朗读训练学生创造性与发散思维的重要体现。

除此之外，培养学生多元化解读文本的能力还要注重对学生发散性思维的培养，这就要求教师做到以下几点。

第一，帮助学生积累知识。教师帮助学生掌握丰富的知识与经验，有利于培养学生的发散性思维，而发散性思维的形成有利于学生对文本产生多元化的理解，从而使学生形成多元化解读文本的能力。教师不仅可以通过课堂教学帮助学生积累知识，还可以通过开展丰富多彩的课外活动，如组建音体美课外兴趣小组、开展课外阅读活动等，开拓学生的视野，陶冶学生的情操，帮助学生将理论与实践有机结合起来，积累更丰富的知识。

第二，教会学生从身边事做起，培养发散思维。教师要善于借助身边一些有趣的事物，启发学生认真观察，引导学生从多个角度出发，积极地思考问题，培养学生的发散思维。例如，一棵树上为什么会结出两种不同的果子？学生对这样的问题很感兴趣，自然就能积极思考，发散思维。同样，在教学过程中，教师可以根据实际教学内容，从多个角度设置问题，在引导学生多元化解读文本的同时，充分调动学生思考的积极性，帮助学生建立发散性思维，从而使学生养成多角度思考所学知识的良好习惯。

第三，触类旁通，教会学生运用发散思维多元地解读文本。要培养学生发散思维，不仅要使其具备从多个角度发现和思考问题的能力，还要让其能够做到举一反三，触类旁通。也就是说，要扩大学生对事物理解的范围，就像写话题作文一样，从不同的角度去思考和构思，就会产生不同的观点。针对同一问题，学生应能从不同的角度分析并采取相应的办法，他们思考、解决问题的过程就是他们自然表现和运用发散思维的过程。因此，教师应该抓住学生多方面思考问题的特点，让学生解决生活中的实际问题，开拓学生思路，使其发散思维多多得到运用。

可见，要培养好学生的发散思维，就必须从质疑、解疑入手。在学生思考问题的同时，教师提出发散性疑问，再引导学生从多角度寻求解决的方法，由此可以使学生逐渐形成良好的发散思维，从而掌握多元化解读文本的能力。

3.超越性解读文本

超越性解读指让学生从文章中正确、多元地解读出思想与哲理，并能够跳出课本，联系生活实际，将书中的思想与哲理融入生活中，对自身的情感、价值观与日常生活产生积极的影响。超越性解读要求教师做到以下几点。

第一，坚持启发式教学。启发式教学是一种重要的教学方法，是小学教学中最常用的教学方法之一。启发式教学要求教师以适当的引导调动学生思考和学习的积极性，鼓励学生进行思考，自觉主动地探求知识，培养学生独立分析和解决问题的能力。确切地说，启发式是一种教学方法，更是教师使用各种教学方法与手段时依据的原则。教师在教学过程中可选择使用的教学方法有很多，但这些教学方法都具有一个共同特点——具有启发性。启发式教学原则强调教师发挥自身在教学过程中的主导作用，尊重学生的主体地位，以有趣的内容或知识点引导和启发学生进行思考和学习，注重培养学生自觉学习和主动思考的良好习惯，注重培养学生的求知欲望、学习兴趣与探索精神，还要求教师拓展延伸课堂知识，发掘更深层次的内涵，以此拓展学生的视野，对学生的思维进行更深层次的启发，从而实现对文本的超越性解读。

第二，因材施教。每个学生都是相对独立的个体，不同的生活背景、不同的家庭环境等使得每个个体都拥有不同的认知水平、不同的学习能力以及不同的个性特点。因材施教要求教师结合每个学生不同的实际情况，选择适合的、不同的教学方法进行针对性教学，将每个学生的长处充分发挥出来，调动每一个学生的学习积极性、主动性，让每一个学生主动、全面地发展。在实际教学过程中，教师应坚持因材施教，根据每个学生不同的个性特点，寻找并使用适合的教育方法，帮助学生对文本产生更深刻的理解，并进一步延伸学生的思维，引导学生对文本进行超越性解读。

第三，坚持理论与实践相结合。在小学语文朗读教学的过程中，教师应坚持理论与实践相结合，将科学的教学方法、先进的教学理念应用于小学朗读教学的教学实践中，在理论教学与实践教学"双管齐下"的情况下，促进学生的理解能力、朗读能力、认知水平、思考水平、文学素养等全面提升，进而提高学生对文本的解读能力，实现学生对文本的超越性解读。

在学生朗读文本时，教师可以通过带领学生对文本进行深入研读的方式，帮助学生对文本进行正确解读。在学生对文本内容与内涵都有了正确的理解后，教师可以引导学生围绕文本内容展开丰富的联想，带领学生对文本进行多元化解读。在此基础上，教师可以继续引导学生发散思维，以一定的教学手段启发学生对文本做出超越性解读。具备了对文本做出超越性解读的能力后，学生就必然能对文本做出正确且多元的解读。

正确解读、多元化解读、超越性解读三者的关系如图 4-1 所示，这三者都是在深入研读文本的基础上形成的，且相互关联，与深入研读文本之间具有密不可分的关系。

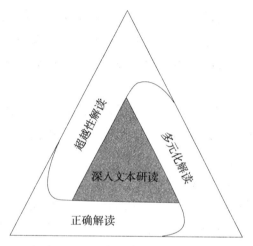

图 4-1　文本研读"铁三角"

如图 4-1 所示，只有深入研读文本，才能对文本产生正确的解读，进而形成多元化解读，为超越性解读奠定基础。而对文本的正确解读、多元化解读以及超越性解读也可以说是在深入解读文本内容与内涵的基础上对文本进行的视野拓展与思维延伸，不仅能够丰富学生的文化知识，加深学生对文本的理解和感悟，还能够增强学生与文本之间的联系，强化学生的认知能力与阅读理解能力，帮助学生更流畅、更好地完成朗读教学任务。

（二）充分发挥学生的主体地位

学生是朗读教学活动的主体，但有些教师会进入一个误区，将自己作为主体，以自己的经验进行文本解读与教学，将自己的理解强加到学生身上。例如，很多老师喜欢用齐读这一朗读教学模式，这就限制了学生的朗读方式，将教学活动机械化与表层化，对学生来说，是一种服从于教师意志的被动学习，在一定意义上限制了学生个性的发展，没有充分尊重学生的主体地位，容易导致学生出现参与感低、兴趣低甚至厌学等情况。

因此，在朗读教学活动中，要充分发挥学生的主体地位，不能刻板地依据套路进行教学，而要发挥教学的引导作用，让学生自己解读文章的内涵与情感。由于每个学生的思维方式与理解能力不同，不可避免会出现分歧，这时教师再进行引导和启发，将学生逐步引到正确的解读思路中，才可以达到良好的教学效果。除此之外，在对学生进行朗读评价、朗读指导时，教师可利用学生互评与启发指导等方式进行教学，充分尊重学生的主体地位，让学生成为学习的主人，鼓励学生积极参与到学习中，这样不仅可以锻炼学生的文本研读能力，还可以避免教学模式固化的问题出现，有利于充分调动课堂气氛，促使学生产生新的观点。

要想充分发挥学生的主体地位，教师就要在课前对学生学情有一定的了解，并运用多种引导手段，在不打击学生自信心与积极性的前提下，引导和鼓励学生对文本做出正确解读。

（三）充分发挥教师的主导作用

教师在教学活动中起主导作用，在朗读教学、解读文本等教学环节要根据不同学生对文章的不同理解，带领学生逐步深入解读，多方面地对文章内容进行挖掘，引导错误解读的同学走入正轨，并教授学生不同的解读方法以增强其文本解读能力。

与此同时，教师还应在课前充分备课，认真钻研文本，对文章进行透彻分析，并且提前了解学生的学情以及学生对文章的理解能力，对可能会出现争议或障碍的地方进行研究与教学设计，做好应对策略。在进行教学时，教师应尊重学生的观点，不盲目否定学生，充分发挥教师的主体地位，帮助学生更加深入与全面地对文本进行研读。

除此之外，教师的主导作用还要求教师在小学语文朗读教学中能根据所教学的文本的特点运用创设情境与渲染氛围等教学方法，为学生与文本之间搭建起一座桥梁，充分激起学生对文本的兴趣，并以此为动力，带领学生进入文本的更深处。

（四）解读的文本必须实际有效

文章具有多面性，如人教版小学语文三年级下册课文《九月九日忆山东兄弟》这一诗歌，其所表达的情感是复杂的，既有身处异乡的凄凉与孤独，又有对故乡亲人朋友的思念之情。因此，实际有效地解读文本要求在解读过程中开阔视野，要从多个视角进行解读，不要局限于一种视角，多元地进行思考与感悟，这是解读文本需要坚持的重要原则。但在很多时候，多元地解读文本也容易出现对文章的曲解以及对内容的过度解读等情况，为了避免出现这种问题，需要剥离出文本的核心，并在此基础之上进行多方面探寻与解读。将全文的基调解读出来之后，其他方面的解读也都要围绕这个核心基调展开，以达到多元解读，同时又不会曲解和过度解读。同样，以《九月九日忆山东兄弟》为例，在读完整首诗后会发现这首诗的写作背景是作者独自漂泊异乡又恰逢重阳节，这使他心中那股凄凉与思念之情更加强烈，因此全诗的关键点就是"异乡漂泊"。在进行文章解读时就应该站在这个出发点上结合文本，逐步发掘出作者的思念、孤独、悲伤、凄凉等情感，并将这些情感融入朗读中，用相应的朗读技巧加以修饰，以将情感传达给听众。这才是一个完整且有意义的优秀的朗读。

总之，以文本为出发点进行文本解读是朗读活动的基石，而实际有效地解读文本是朗读活动的方向标，如果解读的方向是错误的，就凸显不出朗读的意义。只有将文本作为出发点，进行实际有效的解读，才能将文章的感情准确无误地通过朗读传达出来，才能读出文章应有的味道。

二、有效解读文本

文本研读是朗读教学活动的重要环节之一，它关系着学生是否能真正理解文章，只有将文章正确、有效、深入地解读出来，才能使朗读更贴合文本，更具有意义。因此文本解读的步骤也是朗读教学的重要步骤，主要包括以下几步。

（一）整体感知文章

整体感知文章就是要在站在文章总体的层面上对文章的主旨和文章的中心进行认知与把握，对作者的写作思路与思想情感进行理解。

在解读之前，学生要通过粗读、略读或查找相关写作背景、作者简介等方法对文本进行初步的感知，概括出文章大概内容，其中包括对文章突出人物形象的感知、对文章中关键语段的感知以及对文章所要传达的重点信息的感知等。这样才能对文章主旨有初步了解，为后面对文章进行具体解读做铺垫。具体可以从以下几个方面入手：

（1）感知文章总体思路，对文章结构与层次有初步了解。

（2）对文章各段进行结构划分，了解其中关系与顺序。

（3）能充分概括出文章各层次的主要内容，归纳出其主旨。

（4）初步感知作者的思想感情。

（二）理清文章脉络

文章结构往往是作者苦心经营的成果，通常来说，作者为了更好地表达文章的主体思想，会对文章结构进行层次划分。概括地说每篇文章都包含三个层次的内容：第一层也是表层，就是文章的字面意思，即文本中的人、事、物、景，一看便知的内容；第二层也是里层，是文章内容中隐含的思想感情与人生哲理，通常为深入理解文章后才能感知的内容；第三层也是深层，它是体现在文章内容之上的字面之外的风格形式，即文章的文体体现与表达艺术，是站在文章整体结构与内容理解基础之上对文章的细致剖析与品评。

进一步说，文章的层次划分有的呈逐步深入型，有的呈总分型、总分总型、分总型，等等，这就是文章的总体脉络。而作者铺设脉络的准绳就是线索，因此线索也是解读文本的主要抓手。常见的文章线索有以时间为线索、以空间为线索、以情感为线索、以中心人物为线索、以中心事件为线索等，因此根据文章的线索理清文章的脉络是文本解读的关键点。

（三）品味深层含义

一篇文章的深层含义往往具有重要的教育意义，因此对文章深层含义的挖掘与解读是学习文章的核心部分。要想解读文章的深层含义，先要明确文章所运用的表达方式，一般情况下文章会通过不同的表达方式进行深层内涵的表达，如描写对象通常是景、物、人、情等，描写的作用主要有渲染、烘托、托物言志等，这种就要求读者能抓住作者所描写事物的特征进行深入挖掘。除此之外，还有很多的表达方式，因此读者需要准确发掘文章所运用的表达方式及表现手法，再进行文章深层含义的解读，这样解读过程就会轻松很多。

除此之外，对文章语言的品味也是挖掘文章深层含义的有效方法，在叙事性文本中，对于语言的考查更是重中之重。对文章语言的品味包括对字词含义、词语用法、哲理性语句的理解与品味。首先，字词含义是要根据字词所在的具体语境进行理解分析，不可脱离文章对字词进行独立分析；其次，应对文章中特殊词语的特殊应用进行发掘，这些特殊应用一般表现为褒词贬用、贬词褒用、词性活用等，这也要求读者在解读时从词语的语境和语义入手进行分析，从而进行正确的文章解读；最后，关于哲理性语句的正确理解与分析是挖掘出整篇文章深层含义的关键，这要求读者理解这些哲理性语句，并抓住中心词与中心观点进行深入体会。

三、多元解读文本

（一）批注法

主线是一篇文章的内核，无论一篇什么样的文章，都会存在一条贯穿始终的主线。在解读文本时，只有抓住这条主线，才能抓住文章的主旨，因此对这条主线的认识与理解是解读文本的重要部分，也是学习这篇文章的关键点。为了抓好这条主线，明确文章主旨，在阅读文章时应该边读边用笔将文章中的主要内容标注出来，即教师应让学生在对文章进行思考、分析与研读的同时运用线条、符号或简洁的文字对其进行标注，这也就是通常所说的批注法。

在解读文本时运用批注法，可以在阅读的过程中把文章的主要内容标注出来，然后对这些主要的内容进行整合与解读，这样就可以在阅读完文章之后，在脑海中形成一个大体的框架与认识，避免出现一篇文章读下来还是脑袋空空、混乱，无法准确将文章主要部分剥离出来等无意义阅读的情况。除此之外，批注法还有利于培养学生独立阅读能力以及文本理解能力。当然所谓的批注并不是随心所欲的乱圈乱画，在进行批注时还应注意以下几个方面。

1.批注目标明确

所有的批注都要围绕文章主线展开，教师应该做的是将学生引领到文章主线上去。教师可以运用设问法，设置问题让学生自行阅读寻找答案，在这个问题的基础上进行发散解读，由此明确目标，避免偏离主体现象的出现。总之教师的主导作用在此体现为将学生引领到文章主线上去，使学生的每一次批注都是为主线而进行的，这样才能使批注的目标明确，才是有意义的批注，否则批注就可能变成偏离文章主旨的无效批注。

2.注意批注形式的运用

批注方法有很多，如圈、点、勾、划等。需要批注的内容较多时，如果杂乱地进行批注就容易造成文本错乱甚至遮住原文，再次阅读时就会阅读困难，这就需要学生在保持文本基本整洁的基础之上进行批注。

除此之外，学生要根据批注内容的不同使用不同的批注方法，这样在整理批注进行文本解读时，就能高效快速地将不同层次的内容进行整理归类，提升阅读效率。

3. 不同年龄阶段的批注要求不同

对小学阶段的学生来说，批注是从未接触过的活动，这就需要教师从一年级时就开始教学，以不同年龄阶段学生的发展特点以及学习能力为开展教学的依据，逐步进行，循序渐进。

教师可以在学生一年级时就教授其一些基本的批注方法，对学生批注准确性的要求可以暂且放宽。学生对批注方法及技巧逐渐掌握后，教师再慢慢提高要求，保证学生批注内容准确有效，这样才能使学生更加牢固地掌握各种批注方法。

（二）融汇建构法

融汇建构法这一文本解读方法适合三年级及以上的学生进行学习与运用，其中"融汇"一词是指在已经阅读过一定量的文章的基础上，将相似的文章进行融会贯通，发掘其内在联系，从而形成解读相似文本的经验，再次遇到这类文本时就可以准确快速地进行文本解读，并有效解决解读过程中出现的一些问题。除此之外，融汇在宏观上表现为在朗读教学大环境下，将教师配置、教学安排以及课程时间安排等多个方面进行融合，以达到教学与学生学习的融会贯通。

建构是将自己的经验进行总结归纳，建构出一套属于自己的解读相同类型文本的方法策略，这样不仅能使学生的文本研读能力得到提升与发展，还能使学生以往的学习与现在以及未来的学习进行连接，形成一个完整的学习链，使每一步每一阶段的学习都变得有效果有意义。建构在宏观上表现为建构教学内容与所设计的课堂内容的关联以及不同课程之间的关联。

融汇建构法在朗读教学中的应用体现在课堂教学模式中，它打破了教师为主角的教学模式，要求教师根据所教学文本以及学生学情选取不同的教学模式，如研讨式、问题式、分析式等。研讨式朗读教学是指在教学时，教师针对文章主要内容组织学生在朗读中思考，引导学生在思考之后与同学探讨、研究、沟通挖掘文章内涵的方法。问题式朗读教学则是教师在学生朗读之前通过设置相关问题，让学生带着问题进行朗读，并从文中寻找答案，从而让学生在整个朗读过程中积极思考，提升学生的朗读效率。分析式朗读教学是指教师在朗读教学时通过对文章的分析，对学生不懂的内容进行讲解，并引导学生深入探索分析下去，从而加深学生对文本的理解。

在朗读教学时运用融汇建构法将以上多种教学方法进行融合使用，针对学生不同学习情况采取不同的教学方法有利于教学活动的高效完成以及学生知识体系的构建。

（三）要素法

在语文教学中，对课文要素的解读是对课文进行解读的切入口。以课文要素为切入点，可以更好地发现文本中要素的落点，这些落点也就是教学的关键。教师以这些关键点为中心展开教学可以使教学更加集中，提高学生的学习效率。

一般情况下，一篇文章的要素落点集中在文章中的人、事、物、景以及文本的发展规律上。例如，人教版小学语文四年级上册课文《观潮》中，潮水的涨落就是文章的要素落点。潮水即将涌来时，读者可以体会到作者紧张急切的心情；潮水来临时，声势浩荡，波澜壮阔，读者可以体会到作者心中的激昂感受；潮水退去后，一切趋于平静，读者可以体会到作者意犹未尽的心理状态。读者抓住文章中的这些要素就是抓住了文本变化发展规律，就可以体会到作者内容表达以及情感变化的关键。于是，学生就可以更好地对一篇长课文进行理解与复述了。由此可见，文章要素是文本解读的关键点，这种要素解读法是高效且快速的。这种教学方法在教授学生知识的同时培养了学生的能力，有利于学生成长为全面发展的人。

简单来说，要素法就是实施朗读教学的具体化过程。朗读教学有三类课型，即教读课、课内自读课、课外自读课。在小学语文朗读教学的实践过程中，要实施要素法教学就需要积极关注教读课、课内自读课两个部分，并将这两种课型与小学生课外自读课开展困难的实际情况相结合。要素法教学亦分以下两阶段进行。

1. 教师示范阶段

教师示范阶段就是教师带着学生学习的阶段，即教师将一两篇文章的朗读作为范例，运用要素法进行解读，主要目的在于让学生熟知相似文体的要素内容，并学会如何依据要素对文章进行深入解读分析。

步骤一：强调文章的背景要素，介绍作者的写作背景，让学生了解作者家境状况、生平经历、精神情感等方面，对文章的基调进行初步感知。这种方法在叙事性文学作品的朗读教学中较为有效，原因是背景要素中往往有精彩的故事，介绍作者写作背景的过程其实就是讲故事的过程，这容易吸引学生的注意力，提高学生的学习兴趣。当然，名篇佳作的作者本身就是语文学习的内容之一，课本中的注解虽对其也有介绍，但往往不够详尽，教师应适当进行补充。从某个方面来说，介绍作者和写作背景也有利于促使学生进行课外延伸阅读，原因是学生对作家的了解越深刻，阅读该作家作品的兴趣就越浓厚。教师在进行课外延伸时要注意对度的把握，以文章为基础，进行合理与恰当的课外延伸。

步骤二：点明文体要素，并从课文中找出要素的具体所指。小学阶段学生接触的文体要素的知识较少，这就要求教师能够对文本要素中所包含的具体内容进行对应分析，教会学生运用要素法进行文本解读。

步骤三：确定核心要素。如前文所述，不同文体一般都有几个要素，确定核心要素是为了更集中精力地教读文章，并读出文章的特色，使相同文体的文章可以读出不同的味道，这也是要素法的魅力所在。面对各种文体的核心要素，不同的文章可能存在一些差异，但还是有规律可循的。例如，小说的核心要素一般是人物；诗歌的核心要素一般是情感；童话的核心要素一般是情节。

步骤四：寻找或概括出可以体现核心要素内涵的关键词句。可以结合课本中的"把握内容要点""准确筛选信息""揣摩语言"等基础知识要点，对核心要素进行较为深入且具体的分析，这是要素法最重要的一个环节。教师在掌握了一定的知识和方法之后再进行讲读课的教学，可以获得事半功倍的效果。例如，对人物的分析应该包括身份、地位以及思想性格等几个方面，要想弄清楚这些方面，就可以从肖像、语言、行动、心理等描写方法上着手；情节的展开一般从开端、发展、高潮到结局；环境有社会环境和自然环境；矛盾冲突涉及性格冲突、阶级冲突、家庭冲突等，情况会稍许复杂，但遵循着这种思路去寻找或者进行概括，大多数问题都可以迎刃而解。经过这几个步骤的教读，学生对相同文体的作品就有了共同的印象。要素法的其中一个目的就是在学生的头脑里刻下一个模子，使这一文本解读的方法成为一种固定的模式，面对同类文章时，就可以举一反三。

2. 学生自读阶段

学生自读阶段也叫作课内自读阶段，就是以上文教读课为范例，去学另外几篇课文的教学阶段。老师在这个阶段的主要工作是布置任务、检查与评价。

布置任务就是教师根据课文实际设计一些问题，让学生有针对性地通过课文阅读去解决这些问题。在朗读的学习过程中，学生要提高朗读的效率，就需要有计划有目的地去朗读文章，而不是漫无边际地进行朗读。学生自读阶段作为教读课延伸部分的自读环节，应是对所学知识和方法的再演练。要素法能否成为学生阅读文学作品的常规方法，除了需要教读阶段的努力，自读阶段能否有的放矢也很关键。教师通过布置任务来驱动学生进行阅读，巩固其所学知识和方法是一个有效的办法。

检查就是检查学生对文体基本要素的掌握或熟练程度，检测学生对自读课文思想内容的理解情况。

评价就是对学生分析课文的方式与方法进行点评或者是对课文内容要点进行明确。除了纠正和补充，评价时要善于发现学生的亮点，给学生以充分的自主权和发挥想象力的余地。例如，对叙事性文学作品的欣赏是一种审美体验，应该鼓励学生调动个人独特的情感体验来阅读作品、分析作品。

3. 运用"要素法"的几个注意事项

要素法就是对要素进行提炼，在此基础上"顺藤摸瓜"，即顺着文体要素的"藤"去摸文章要点、关键之处这个"瓜"。在小学语文朗读教学中，要确保"要素法"的有效实施，需注意以下问题。

（1）学生要做好课前的预习，尤其是自读课文。如果没有预习，教师就必须安排课堂的阅读，让他们有初步的印象，这样才能确保"要素"找得准确。

（2）阅读教学要避免囫囵吞枣，小学阶段的学生不适合学习得过多与过杂。著者认为，以小学生学习的现状来说，他们的语文应是在巩固已有知识上的适当提高。阅读教学应以理解、浅尝辄止为主，对课文做提纲挈领式的梳理，这样才有利于提升他们的阅读兴趣。比如，学习小说类型的文章只需抓住文章的要素，勾画出文章的框架和轮廓，再从某个核心要素切入，古今中外小说都可以这样去读；如果既要讲层次结构的划分，又要对语言运用、写作特色以至微言大义进行深入研究，每篇课文都从头至尾去剖析一番，面面俱到，学生很快就会失去兴趣。因此，在小学语文朗读的实际教学中，既要避免盲目拔高对学生的要求，又要鼓励学生在力所能及的范围内去深入探究。

（3）强调"要素"不是否定基础。要素法强调对叙事性的作品应侧重于情节、人物、环境、冲突等要素的把握，但不能排斥、否定语文的基础性与工具性。在教读课与课内自读课这两个阶段中，教师要适时通过讲述、复述、讨论、片段朗读等方式对学生的口语能力进行训练，学生对于语言、表达技巧、表现手法等写作特色方面的知识，适当了解认识即可。为了使小学语文朗读课堂教学在时间有限、学生文化基础较弱的前提下能更高效地进行，教师要努力突出文体要素在阅读教学中的作用。

（4）给学生以充分的自主权，发挥其主观的能动性。有句名言"一千个读者眼中就会有一千个哈姆雷特"，应该允许学生对文章有不同的见解，以文学作品阅读为主的要素法更应如此。

（四）降维法

降维法是降低学生解读水平与教师解读水平之间差异的有效方法，教师和学生由于生活经验以及知识积累的差异，在进行文本解读时会出现有些内容教师认为是显而易见的，但学生却很难理解的情况。这种情况下，如果教师只是一味地按照自己的角度进行文本解读，那么教学就很容易陷入困境之中，难以进行下去，更难以达到教师所期望的教学效果。这就要求教师站在学生的角度，降一个维度来进行文本解读，着眼于学生的最近发展区，带领学生逐步探索，深入浅出地为学生学习铺设台阶。

例如，在学习"小鸟在树上唱歌"句子中的拟人手法时，如果教师直接告诉学生这句话用了拟人手法，还未接触过这种修辞手法的学生就会无法理解，因此教师需要从学生能理解的维度出发："小鸟在树上欢快地叫像不像人唱歌时候的样子？所以作者直接说小鸟在树上唱歌，就是将小鸟看成人一样进行描述，这种修辞手法叫作拟人。"这种从学生维度出发，循序渐进引入文本的方法能让学生更容易地看到文本的高明之处，也能够为学生更好地理解文本奠定基础，帮助学生较轻松地对文本进行深入解读。

第二节　创设朗读情境

一、朗读情境的作用

第一，创设朗读情境，让学生在朗读情境中理解朗读文本，引领学生对文本情感进行体会。运用情境进行朗读教学能够有效地提高学生对知识进行解读的能力，大大降低学生的学习难度，调动起学生身体的各个感官，让学生沉浸于语文的学习中，感受知识的魅力。在朗读教学过程中，教师可以运用情境教学让学生对所学的知识感兴趣，激发学生的求知欲和好奇心，同时使学生对所学知识有初步的感受。随着情感的投入，学生对知识的理解会逐渐深入，最后学生会将所学知识内化为自己的认识，重新构建自己的知识结构，进而掌握文本的情感，学会发现美、感受美、欣赏美，提高自身的朗读能力。

第二，优化情境，在情境中提高学习能力。情境教学能呈现一个立体、有趣的课堂，在这样的课堂中，学生能够全身心地投入学习，这样的课堂能够激发他们的思维，让他们不自觉地去思考，从而对文本、知识有更深刻的理解与感悟。在情境教学中，学生能沉浸其中，通过各种形式对知识进行记忆，而不是简单机械地接受知识。与此同时，在情境中的师生互动、生生互动能增加课堂的趣味性，提高教学效率，促使学生的个人能力得到提升。

第三，营造情境，在情境中发展学生个性。情境教学就像是一座桥梁，能够同时调动学生的创造性和情感感知力，促使学生在情境中感受文本之外的文化内涵，进行创造性的思考，形成自己独特的价值体系。

二、创造朗读情境的方法

（一）联系实际生活

要提高朗读教学的效率，教师可以创设出一个有效的生活情境，通过对教材中学生所熟悉的日常生活的加工，或者通过选取学生感兴趣的现实生活素材进行朗读课堂情境的创设，将抽象的知识学习转变为具有实际性与开放性的学习，让语文贴近生活。这不仅能增强学生对这些抽象知识探索与学习的欲望，还能使学生在不断学习与积累中拓展新的生活经验，让学生在学习与生活中都得到成长。

可以发现绝大部分小学语文课文都是关于生活中常见的事物的文章。例如人教版小学语文三年级上册课文《大青树下的小学》所描写的是作者"可爱的小学"中出现的人、事、物等，在教授这篇文章时，教师完全可以联系实际，让学生找一找自己小学与作者小学的相似之处与不同之处，以使学生获得感同身受的体验，这有利于学生更好地体会作者想表达的情感内涵，为接下来的朗读做铺垫。

这也在一定程度上要求教师在小学语文朗读教学过程中，充分挖掘教材中的生活因素，并运用相应的教学方法创设出类似的情境，使学生的生活经验与学习紧密联系起来，这样不仅有利于学生更好地掌握所学知识，还有利于学生对学习内容的感知与理解，从而提升朗读教学的效果。

（二）运用实物演示

众所周知，眼睛是最直观的感知事物的感官，在很多时候作者所描写的事物在现实生活中都是可以找到原型的，因此最直观也最有效的方法就是将实物展现给学生，让他们进行仔细观察之后再结合作者的描写进行体会与感悟。

例如，人教版小学语文四年级上册课文《爬山虎的脚》深入刻画了爬山虎这种植物的形象。爬山虎这种植物在日常生活中并不少见，因此教师在教授这篇课文时完全可以让有条件的学生带来一株爬山虎，在班级中传给大家观赏，让学生讲讲这株植物的形象特征，再结合课文中作者对这种植物的描写，增强感知事物的能力以及掌握一些描写手法以及情感表达方式。

这种借助实物创设情境的方式可以让学生从实物的具象思维中感受教材中的抽象知识，有助于培养学生的思维能力与想象能力，增强学生的创新意识并提升创造性运用语言的能力。

（三）借助图画感知

有些时候情境中的"境"就是作者通过语言文字所绘出的"画"，这种"画"并不是指实际意义上的画作，而是作者通过一篇文章所展现出来的自己寓于胸中的"境"。画是其所表之境的具象化体现，课文中的插图、特意绘制的挂图、剪贴画、简笔画等都可以用来再现文章的"境"。在教学时，对于一些含有抽象情境描写的课文，教师可以通过一些图画来展现，将其具体化，有利于学生产生比较直观的感受，帮助学生更好地理解文章。

例如，人教版小学语文五年级上册课文《圆明园的毁灭》描写了圆明园的毁灭对中国文化史造成了不可估量的损失。在进行这篇文章的教学时，教师可以将圆明园毁灭前与毁灭后的图片展现给学生看，两者对比之下，学生可以更直观地感受到那种文化瑰宝被摧毁的可惜与愤懑，感受到作者所要表达的思想感情，并将这种思想感情融入接下来的朗读环节中。

除此之外借助图画感知、创设朗读情境的方法也经常被用在诗歌教学中，最常见的应用例子就是王维所作的诗，他的诗被后人评价为"诗中有画，画中有诗"，在多数王维诗中，都可以感受到一幅幅或优美，或凄凉，或悲壮的画面，这些诗都可以以画的形式展现出来，从而让学生更直观地感受其中所包含的情感。

（四）通过音乐渲染

要想更深入感知文章，就要尽可能地用多感官进行感受，除了视觉，听觉也是感知文本、激发情感的利器。音乐可以使人快速沉浸到某种情感中去。例如，悲伤的歌会使人情绪低落；欢快的歌容易让人心情愉悦，这都是音乐影响人的情绪所带来的效果。在教学活动中教师如果能巧妙地将这种音乐对人的影响融入朗读环节中，会产生意想不到的效果。

例如，《鼎湖山听泉》主要描写了作者在鼎湖山上聆听泉水的奇妙感受，为了让学生更好地体会作者对泉水的感受，教师可以使用多媒体播放泉水流动时的声音，让学生闭上眼睛像作者一样进行感受，由此达到身临其境的效果。又如，人教版小学语文五年级上册课文《父爱之舟》讲述了父亲为了"我"日夜操劳的故事，表现出父亲对"我"深沉的爱。教师在教授这篇文章时，可以通过播放一些深沉的曲子来渲染这份爱的伟大，在组织学生进行朗读时也可以适时地插入音乐，将氛围烘托出来，以此加深学生对这份深沉的爱的感受，使朗读更具有渗透性。

（五）分角色扮演

朗读中分角色扮演就是让学生各自扮演文章中不同的角色进行朗读，是最受学生喜欢，也是最能激发学生朗读积极性的方法。这种方法经常被用于记叙、抒情类文章。例如，人教版小学语文五年级上册课文《落花生》全篇都是一家人对花生的讨论，这种文章就可以让学生分角色进行朗读，体会人物对话的层层递进，感悟出父亲对孩子们的希望——做一个像花生一样的有用的人。

这种创设情境的方法是最利于开展朗读活动的方法，不仅可以激发学生的朗读兴趣，使其充分发挥积极性，还能让学生深入人物进行感知，从而使其对整篇文本的理解提升。

以上就是五种常见的创设朗读情境的方法，具体在教学中该使用哪种方法需要教师在对文本进行研读之后，根据文章内容以及教学目标进行选择。需要注意的是，五种创设情境的方法并不是相互独立的，有时为了更好地展现出文章的情境，可以同时使用两种及以上方法。总而言之，为朗读创设良好的情境是推动朗读进行的重要力量，也是激发学生朗读情感与朗读兴趣的重要方法。

第三节　增强共情能力

一、正确看待共情差异

共情既是一种特质，又是一种状态，因此影响学生共情水平的因素有很多，如生理、心理以及外界环境影响等。共情作为一种跨情境的特征，必然存在稳定的个体差异，有些人天生容易产生共情之感，这就说明共情与个人的人格特征也有着必然联系。因此，在教学过程中，教师会遇到共情能力各不相同的学生，一些学生可以充分感受到文章的情感，另一些学生就不会与文章产生心灵之间的联系，对文章"没感觉"，这就是学生共情能力差异性的外在体现。

小学年龄阶段的儿童的共情能力还处于发展阶段，由于对事物的认知水平以及世界观尚未发展完善，他们的共情能力较低。正所谓"无知者无畏"，学生对一个未知的事物或观点无法产生共情是小学语文教育中常见的现象之一。对共情能力的培养要根据学生年龄阶段以及认知水平进行，尊重学生年龄发展特征，设计适合的教学活动。

自身生活经历也是产生共情的原因之一，有时在文本中读到自己经历过的事情，当时的情境与情感就会不自觉地再现，这也是一种共情。因此，每个学生的成长经历以及生活阅历的不同也会影响学生的共情能力，这就需要教师注意观察每一位学生，了解学生的发展状况，以学生的发展情况为依据去具体制订教学计划，做到有教无类、因材施教。

二、增强共情能力的方法

从以上论述可以得知，共情能力的培养是德育的重要环节。培养学生的共情能力是增强学生与他人情感沟通的重要手段，有利于学生价值观的建立，也能起到提高学生人际交往能力、健全学生人格的作用。因此，增强学生共情能力也是小学语文的重要教学目标之一。

传统意义上的共情实际上是一个对情感的识别、理解、应对的复杂过程，如图 4-2 所示。由此可以了解到，要想提升学生的共情能力，就要从他们的共情识别能力、共情理解能力与共情应对能力分别着手，对学生的这三种能力进行培养后，学生的共情能力自然会得到总体的提升。

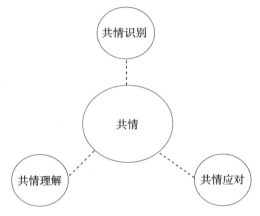

图 4-2 共情结构图

（一）培养学生共情识别能力

共情识别能力是指对他人情感的感知能力，如刚出生不久的婴儿在听到其他婴儿的哭泣声时，自己也会产生同样的哭泣行为，这就是共情识别能力的体现。这种能力是建立在个人已有的认知基础之上的，就像吃过柠檬的人在看到别人吃柠檬时会有酸的感觉，并不自觉地分泌口水，但是那些不知道柠檬是什么味道的孩子在看到别人吃柠檬时并不会产生这种感觉，这就是认知水平对共情识别能力的影响。

要培养学生的共情识别能力，就要求教师将教育带到课间以及学生的日常生活中去。

除此之外，培养学生共情识别能力的方法还有很多，要求教师对学生进行深入的探索，因材施教，这样才能逐渐提高每位学生的共情能力，使班级所有学生都受益。值得一提的是，共情识别能力的培养是不分场合、不分时段的，只有将这种德育渗透到教学工作的每一环节之中，才能达到更好的培养效果。

（二）培养学生共情理解能力

共情理解能力是指对他人的经历、情感以自己的思维进行体验与理解，是一个内化的过程。这种理解能力也是产生共情的关键之处，如果共情理解能力缺失，那么就难以产生共情。例如，生活中常见的"我不理解为什么她见到蜘蛛会害怕"中的"不理解"就是没有对"害怕蜘蛛"的共情理解能力，也就无法产生共情，因此共情理解能力的培养也是整个共情能力培养的重中之重。

对共情理解能力的培养应将重点放在对"理解"的培养上，简而言之，就是侧重于对情感的激发，通过对学生感官、情感等的刺激，从而使学生达到情感共鸣，获得感同身受的情感体验。

1. 懂得倾听

倾听是对他人情感进行内化的一种重要手段，在这个过程中一个讲，一个听，两个人的心灵都围绕所讲事件进行思考与交融，两颗心灵的距离瞬间拉近，从而达到一种深入的沟通效果，更有助于对对方情感的理解，也就是产生共情理解。所以学会倾听对共情理解能力的提升有着莫大的帮助。

2. 增加体验感

所谓体验感，就是从生活中自己亲身经历的事情中得到的感触。在看到或者听到别人身上所发生的事时，那些拥有相同经验的人会更容易产生情感共鸣，即所说的共情。原因是人在有了同样经历之后会提高对这些经历所产生的情感的理解能力，也就是所说的共情理解能力。

因此，可以通过增加学生体验感来提高学生的共情理解能力。这种培养通常体现在社会实践活动、体育活动以及课堂内外的体验式教学活动之中。这种教学活动通常比较强调学生的主体地位与自主学习能力。除此之外，学生的生活经验也是培养共情理解能力的基石，这就要求教师在教学活动中融入更多的情感教育，尽可能地让学生体验到真情实感，增加学生的体验感，从而让学生在心灵颤动中形成共情理解，得到能力的提升。

3. 加强合作

小组合作模式是一种对学生具有多方面影响的教学模式，在这种模式中，不但学生可以与小组成员在合作讨论中得到思想的碰撞以及心灵的沟通，而且小组与小组之间，也会产生不同的思想矛盾以及感情碰撞，这种碰撞往往可以加强小组成员之间的凝聚力，体现出集体精神。这种小组之间的合作交流、互相包容、共同进步的精神也会激发出各成员之间的情感的互通与理解，也就是共情理解。因此，小组合作教学模式是加强学生与学生之间共情理解的有效方式，也是提高学生共情理解能力的有效途径。

共情理解能力的培养仅仅靠教学工作中的训练是远远不够的，这种训练还应渗透到学生的生活中去，家长也应在生活中通过多种方式增强孩子对于他人情感的理解能力，做好榜样，从多方面对孩子施加影响，使其在长期的熏陶之下，发生潜移默化的情感水平提升。

（三）培养学生共情应对能力

共情应对能力是指在对一种情感或经历产生了共情识别与共情理解的基础之上进行的相应的情感表达的能力。就像生活中有些人由于得到了他人的帮助，识别并理解了这种善意，自己也常常做一些善举，从而形成了正能量的传递。这种因他人而激发的善举就是共情应对的一种表现形式。

简而言之，共情应对能力是共情对人产生影响的具体表现。在教学中，培养学生的共情应对能力是培养学生共情能力的意义所在，可以采取以下几种有效方式对共情应对进行巩固与强化。

1. 活动方式

活动是进行德育的重要途径，在活动中进行共情应对能力的巩固是最高效的。首先，丰富多彩的活动能够充分激发学生的兴趣，提高学生的参与度；其次，活动的过程就是学生亲身实践的过程，在这一过程中所构建的知识是多维度且牢固的，因此在活动中所树立的观念以及所产生的共情也是牢固的，相对应的活动也是对共情应对能力锻炼与巩固的平台。例如，在去养老院做志愿者的活动中，学生可以通过在养老院的志愿服务以及与老人的沟通交流，充分感受老年生活，与老人产生共情，从而不仅能学到课堂上所无法学到的知识，得到帮助他人的愉悦感，还能在以后的生活中践行"关爱老人"这一观念。这就是一次对学生共情应对能力的有效巩固培养。

2. 模拟方式

模拟演练是提高与强化某种能力的基本方法，对共情应对能力来说也是如此。教学活动中教师要注意共情模拟训练的进行。共情模拟训练就是通过反复的刺激对个体体验他人情感的能力进行训练。朗读教学活动中的这种训练通常以分角色朗读、情景模拟、访谈等形式展开，让学生对人物情感进行模拟体验，可以使学生更真切地进行感受，强化对学生共情应对的刺激，从而提升学生的共情应对能力。

就拿《秋天的怀念》这一篇文章来说，其中有两段是这样描述的，"双腿瘫痪后，我的脾气变得暴怒无常。望着望着天上北归的雁阵，我会突然把面前的玻璃砸碎；听着听着李谷一甜美的歌声，我会猛地把手边的东西摔向四周的墙壁。母亲就悄悄地躲出去，在我看不见的地方偷偷地听着我的动静。当一切恢复沉寂，她又悄悄地进来，眼边红红的，看着我。'听说北海的花儿都开了，我推着你去走走。'她总是这么说。母亲喜欢花，可自从我的腿瘫痪后，她侍弄的那些花都死了。'不，我不去！'我狠命地捶打这两条可恨的腿，喊着，'我可活什么劲儿！'母亲扑过来抓住我的手，忍住哭声说：'咱娘儿俩在一块儿，好好儿活，好好儿活……'"；"'哎呀，烦不烦？几步路，有什么好准备的！'"，她也笑了，坐在我身边，絮絮叨叨地说着：'看完菊花，咱们就去"仿膳"，你小时候最爱吃那儿的豌豆黄儿。还记得那回我带你去北海吗？你偏说那杨树花是毛毛虫，跑着，一脚踩扁一个……'她忽然不说了。对于'跑'和'踩'一类的字眼儿，她比我还敏感。她又悄悄地出去了。"

阅读这篇文章时，应抓住"可""絮絮叨叨""好好儿活"等词，还有省略号的表现功能，体会人物复杂隐幽的内心世界以及作者的抒情艺术。

孙绍振指出："特殊性越丰富，就越是具体。单纯的'这一个'，还可能是抽象的，具体分析要分析到'这一个'的'这一首'，这一情感的'这一刻''这一刹那'。"学生有感情地朗读便是对文本情感和形式表现特殊性、丰富性进行揭秘的一种尝试，深入了"这一刻""这一境""这一情"，的确颇具感染力。

朗读要体味作者表现了什么的情，更要体悟是如何独特表现的，这个"体悟"就是共情能力。

第四节　贯穿思考探究

如果学习仅仅是将知识死记硬背，而没有进行思考与消化，那么学习只会带来一些毫无作用的刻板记忆，对人的发展与成长起不到促进作用。真正的学习应该是学习与思考的有机结合。

有些教师的朗读教学只将目光集中于学生的朗读，只关心学生朗读是否生动、朗读技巧的运用是否恰当、朗读情感的表达是否丰富，认为只要学生能将这篇文章准确生动地朗读出来，就是一次成功的教学，但忽略了思考的重要性。孔子曾说过"学而不思则罔，思而不学则殆"。好的教学要能正确引导学生将"学"与"思"结合起来，在思考中学习知识，在学习中进行思考。如果语文朗读教学活动中教师不注重让学生进行思考，就会使得教学丧失启发性，变成形式化的空洞教学。

因此，在小学语文朗读教学中，思考与探究是保证教学顺利进行的关键环节，也是提升教学效果与意义的必要环节。思考与探究需要贯穿于整个小学语文朗读教学的始末。

一、要培养学生的问题意识，以问导学，以问促教

教师站在小学语文朗读教学的角度上，让思考探究走进小学语文朗读学习的过程之中，可以有效提高朗读教学与学生学习的效率。要培养学生的思考探究能力，就需要重视培养学生的问题意识，以问导学，以问促教。什么是问题意识？首先，提问的出发点是为"学"设疑，应具有吸引学生进行思考探究的功能，提问的最终目的不是追求问题的答案，而是逐步培养学生思考的兴趣与探究的能力；其次，提出的问题需要有一定的思考空间。进一步说，如果把提问的立足点定位于学生思考探究能力的养成，那么朗读教学中的问题应该是内在的，而不是外在的，应该是学生自己的问题，或者是师生一起探索的问题。

以人教版小学语文五年级下册课文《刷子李》第二课时为例，根据学生的年龄、课文题材、历史背景的不同，可以做出以下两种问题设计：①作者是怎样描写刷子李技艺高超的呢？②结合课文内容默读课文，体会课文是怎么写出刷子李的技艺高超的特点的？教师应通过这一系列问题，以问导学，以问促教，鼓励学生独立思考，培养学生的思考探究能力。

二、整合线性问题，细化思考探究方式

线性问题是指问题与问题之间存在的相互依存、相互促进、层层深入的关系。在朗读教学过程中，教师可以借助曲线回顾文章内容，帮助学生感知人物内在思想，拓展学生情感视野，以促使学生用充沛的感情朗读出文章的内容。

还是以人教版小学语文五年级下册课文《刷子李》第二课时为例，上文中

提出两个问题，对比两种问题设计不难看出：①比②更具体，①有问题和提示，也就是有问题思维路径；而②较概括。①的问题设计方式是依据学生认知发展水平和已有学习能力设计问题，②则是以具体清晰的提示，给学生提供解决问题的思维路径。随着年级的升高，学生会逐渐具备思考问题的方式和能力，不列举提示是想让学生形成一定的思维能力，培养自主思考学习能力。可见，好的课程难点部分问题设计能提升学生的思考与探究能力，促使学生在思考与探究之中，改变固有思维，体悟文章的思想感情，抓住文章的情感状态，为朗读打下良好的情感基础。

总而言之，不仅仅是朗读教学，一切教学活动都应注重学生"学"与"思"的结合，让学生在学习中能够有所启发、有所思考，并在思考中得到自己独特的见解，这既能培养学生独立思考与创新的能力，又能让学生在学习中学有所长，习有所得。

三、回归本真，让朗读落到实处

（一）自读：自悟情感

在初读课文阶段，学生需要整体感知，初步感悟课文的内容。此时适宜采用符合学生需要且符合认知规律的自读。对学生来说，采取自读更容易把握朗读的语调，发挥自己朗读的情感。因此，自读既照顾了优生，使其可以正确、流利有感情地进行朗读的训练及感知的领悟，又照顾了朗读能力不及优生而需要自我消化空间的学生，避免了齐读时无法兼顾两者而不能使两者都通过朗读训练得到有效提升的情况。

（二）品读：体会情感

《义务教育语文课程标准》（2022 年版）明确指出，要引导学生在语文实践活动中，通过整体感知、联想想象，感受文学语言和形象的独特魅力，获得个性化的审美体验。这要求教师教会学生品读重点词句，体会作者的表达效果。

《地震中的父与子》一文讲述的是一次大地震中，一位年轻的父亲在废墟中经过 38 小时的挖掘，终于救出儿子和儿子同伴的传奇故事。作者抓住父亲的外貌、语言、动作进行描写，刻画了一位伟大父亲的形象，谱写了一曲父爱的颂歌。在教学中，教师可以引导学生品读文中的重点语句，感受父爱的伟大，如"在混乱中，一位年轻的父亲安顿好受伤的妻子，冲向他 7 岁儿子的学校。"" 他猛然想起自己常对儿子说的一句话：'不论发生什么，我总会跟你在一起！'他坚定地站起身，向那片废墟走去。"" 他挖了 8 小时，12 小时，24 小时，36 小时，没人再阻拦他。"" 他满脸灰尘，双眼布满血丝，衣服破烂不堪。到处都是血迹。"教师对这些句子进行朗读指导，让学生在反复品读中感悟，让学生心中父亲的形象越来越高大，让内容的解读和情感的升华得到同步发展。

（三）美读：升华情感

美读这种朗读方式往往要求教师创设情境。演讲家李燕杰说过，唯真情，才能使人怒；唯真情，才能使人怜；唯真情，才能使人笑；唯真情，才能令人叹服。可见，带有感情色彩的语言能增强朗读的效果以及作品的内涵和神韵，拓展作品的诱人魅力，它是朗读的精髓所在。例如，在教学《鹿脚和鹿腿》时，教师可以让学生把握鹿在池塘边看到自己美丽的身影倒映在水面上和鹿赞美自己的句子，指导学生朗读出鹿对自己的喜爱和赞美的感情基调，接着让学生把握鹿看到清风吹过，池水泛起波纹后的无精打采和鹿抱怨自己的腿的句子，指导学生朗读出鹿对自己腿不满意时的情感变化。让学生深刻理解作者要表达的思想感情，并把这种感情融入朗读中，更进一步地促进学生对人文精华、文化底蕴的深刻体会和感悟，从而能够去感染自己和其他听众，让美读达到预期的效果。选择较难掌握的典型内容进行示范性美读对教师来说也很有必要。

第五章 小学语文朗读教学中的环节设置

第一节 精心设计朗读目标

著名教育家陶行知认为在朗读教育教学中教师应要求学生化无声文字为有声语言，口读耳听，口耳并用，将"读"与"思"有机结合起来，声情并茂地进行朗读，提升语感。因此，教师在课堂上必须精心设计朗读目标。

朗读的总体目标是将文章正确、流利、有感情地读出来，细分则可以将目标按照每一个教学环节进行具体设立。因此，教学目标需要围绕朗读达到什么程度、怎么样使学生达到这一水平以及朗读评价需要用什么样的方法进行等问题确立。只有解决了这些问题，教学活动才能顺利展开。

一、小学阶段学生的特征分析

小学年龄阶段的学生不同于其他学段，他们在进入小学之前较少接触到朗读教学，因此处于零基础的阶段，此外还具有思维较为跳跃、难以保持注意力的集中等特征，这些特征也是教师教学阻力的一部分，因此在教学过程中教师就需要格外关注。这就要求教师根据学生特征进行教学设计。例如，学生爱玩，教师就可以根据这一特征以游戏形式开展朗读活动，像抽签分选角色朗读、分小组朗读比赛等都可以充分激发学生的课堂积极性与提高学生的参与度，从而提升课堂教学效率。

此年龄阶段学生的大脑处于快速发展阶段，所以他们对新鲜事物具有较强的好奇心以及学习能力。对于这些特征教师应该充分利用，使其作用于学生的学习中。例如，教师可以以提出问题的方式开展教学活动，开头设疑，让学生自行朗读并从文本中寻找答案，这种方法可以勾起学生的好奇心，激发学生进行朗读与深入探索的兴趣，有助于朗读教学活动的进行。

（一）小学阶段学生的认知发展特点

小学年龄阶段学生观察力通常具有目的性差的特点，即难以将观察精力集中在一个目标上；缺乏精确性、顺序性以及深刻性，即难以观察到目标的主要特征，观察顺序混乱且浮于表面。这些特点在朗读教学中主要体现在对文章的感知层面，学生易受到外来刺激的干扰而无法专心地融入文章进行文本解读。此外，学生还易受到自身内在因素，如生理状况、兴趣、生活经验等的制约。

学生的注意力发展有以下特点。一是小学年龄阶段的学生的注意力更偏向于无意注意，但在长期的学习与训练当中会逐渐朝着有意注意发展、强化。因此，小学年龄阶段学生在初期的学习中容易出现注意力分散，被他们所感兴趣的外界事物所吸引的情况。这就要求教师在进行小学语文朗读教学时根据学生这一特点尽可能地设计新颖、有趣的教学，以此吸引学生的注意，提高教学质量，与此同时加强训练学生注意力的稳定性，使其逐渐得到发展。二是这一阶段学生的注意力所能分配的范围较小，学生也不善于分配自己的注意力，原因是其自身缺乏经验。例如，学生在集中注意力朗读的时候，很难同时兼顾肢体语言、表情等方面，这也要求教师加强训练，在反复的训练中丰富学生的经验，使其注意力分配得到训练。

（二）小学阶段学生的思维发展特点

小学阶段学生的思维处于从具象思维向抽象思维发展的过渡阶段。在这一阶段的学生，其思维以具象为主，对具体的事物掌握能力较强，对抽象事物的理解能力较弱。教师可以依据学生的这种特点多采取实物演示等教学方法，让学生在具象实物中把握文章；而对于小学高年段学生来说，大部分学生已经具有较为完善的抽象思维能力，能够理解一些抽象的概念，进行一些对抽象实物的感知与思考。这也要求教师留给学生足够的时间进行创造性想象，多激发学生的思考，以训练学生的抽象逻辑思维能力，提高学生的学习水平。

总之对小学这一特殊年龄阶段学生的朗读教学要求教师充分站在学生的发展角度进行相关教学设计，着眼于不同年龄阶段学生的最近发展区，在教学过程中充分尊重学生的主体地位，遵循学生身心发展特点，指导学生学会课前预习、课中认真听课、课后复习以及做作业等，先让学生学会学习，再指导学生学习知识。在朗读教学中也是如此，应使小学语文朗读教学成为更适应学生发展，易被学生接受的教学，由此使教学质量总体提升。

（三）小学阶段学生的朗读能力发展特点

学生的朗读能力也是小学语文朗读教学所需要考虑的方面之一，朗读能力影响教学的深度。一般来说小学阶段学生刚开始朗读能力较低，此时教师应该从最基础的字音、词语等教学着手，而不应这时就要求学生独立朗读一些晦涩难懂的文章，这样不仅达不到教学目标，还会打击学生的学习兴趣以及自信心。

总而言之，小学语文朗读教学是针对小学年龄阶段学生的教学，它所含有的针对性与特殊性是在教学活动中需要教师着重注意的。只有在此基础上进行小学语文朗读的教学设计，才能将朗读教学变成适应小学阶段学生发展特点的教学活动，使其更容易被学生所接受，达到更好的教学效果。

二、朗读教学目标分析

朗读教学目标的内涵是指预期的学生通过朗读所达到的学习效果，即学生接受朗读教学能学会什么，具体而言，朗读教学目标的设计就是对"学生接受朗读教学能学会什么"进行总体的设计和规划。

（一）确立朗读教学目标的原则

1.朗读教学目标表述原则

教师在设计朗读教学目标时，首先应注意设计的主语是学生，目标应写为"学生学会或掌握……方法或技能"而不是"使学生……""培养学生的……"等；其次要注意教学目标与教学策略的区分，不可将两者混淆，如"初读文章，感知文本""读完文章，体会文章深层含义"等属于教学策略设计，不应出现在教学目标设计环节之中；再次就是在进行目标设计时应注意对"三维目标"的兼顾，主要是对"情感态度"以及"方法"目标的设计，具体表现为教给学生什么方法、渗透什么情感教育等；最后所设计的目标应该是可观察到、可控制操作的具体目标，对于这个特点，可以着重从对象、行为、条件、程度四个方面进行设计表述。

2.朗读教学目标设计原则

朗读教学目标的设计与确立不是随心所欲的，需要遵循教学目标设计中"具体、集中、恰当"这三大原则，其中"具体"指所设计的目标必须有具体的内涵、明确的内容，不应该广泛空洞，如"通过本次朗读教学，提升学生朗读能力、朗读水平"就不是具体的目标,而是概括性的,朗读能力的提升是需要进行长时间锻炼的循序渐进的过程,因此在一定意义上此例是一种培养目标,不可作为具体课程的教学目标;而"集中"是指一节课或一篇课文的教学目标不能过多,不能贪心、追求"一课多得";"恰当"则是指朗读教学目标的确立应符合实际情况,其中实际情况具体包含学生学情、文本特征以及文本具体内容三个方面。

(二)确立朗读教学目标的方法

1.根据学情确定朗读教学目标

朗读教学目标需要教师以课程标准的要求为依据,并结合学情与文本进行确立。

无论是在什么样的教学活动之中,教师都需要将学生作为教学主体,尊重学生的主体地位。因此,在朗读教学活动中,教师也应将学生作为主体进行教学目标的确立,即根据学生学情确立教学目标。

由于班级授课制度所需教学的对象是一整个班集体,所以对学情的分析主要需要针对大多数学生进行,在对个别同学进行辅导时就需要落实到学生个体身上。在小学阶段,划分学生学情的主要依据就是学生的年段。

不同年段的学生,其身心发展顺序、理解与学习能力以及知识基础都存在很大的差异,这也就要求教师重视不同年段学生的这些差异,以此为基础确立朗读教学目标,做到教学目标的设立适应本年段学生发展及要求,并把握住各个学段的教学目标,不超标也不降低标准。

例如,在小学低段,学生知识储备较少且语言发展水平较低,身心发展上多表现为胆小内向、不善表达、积极性较低等。对此年段的学生进行朗读教学时可以将教学目标设立为"朗读准确、流畅,能将句子读完整,并能根据标点符号适时地停顿,积累语言基础"。而在小学中段,学生知识水平已经得到了提升,但此阶段学生一般还具有内向、不愿表达、积极性低等特征,因此教学目标应变为"朗读兴趣得到激发,喜欢朗读,朗读声音明亮,会运用朗读技巧进行朗读修饰"。小学高段学生通过学习已经具备了一定的朗读知识储备量以及能够使用朗读中的抑扬顿挫。因此,教学目标应建立在此基础之上,对朗读情感要求进行规划:学会正确把握文章情感,学习朗读不同文体的文章,能通过朗读表达出文章的深层内涵,等等。

2. 根据文本特征确立朗读方法目标

小学语文教材中往往含有多种文体类型的文本，如诗歌、儿歌、散文、小说等，这就要求教师在教学时按照不同文本类型确立朗读教学目标。例如，诗歌类文本具有强抒情性，对此应设立以下朗读教学目标：学会朗读时根据具体文本选择情感表达方式。这也要求教师能够根据文本规律进行教学目标的设计，做到按照语文的规律教语文。

例如，《小儿垂钓》这首古诗的朗读目标就是"正确、流利、有感情地朗读诗歌，背诵诗歌；能感受诗句所营造的充满童趣的意境，能从中感受到诗人对生活的热爱；能充分发挥想象力、表演才能和合作精神。"

3. 根据文本确定朗读内容目标

文本是朗读教学的基石，脱离文本的教学是空泛的。在朗读教学目标的确立环节，文本的重要性体现在不是所有文本都适合朗读，在朗读教学之前教师除了要判断是否需要对文章进行朗读教学，还要根据文本的具体属性与内容确立朗读教学的内容目标。朗读内容目标聚焦于构成文本最主要的元素，如字、词、段等。

将朗读内容目标聚焦于字的情况多出现在诗歌以及短篇文章的朗读中，多以句尾语气助词"啦""啊""呀"为焦点，这些字往往在加强语气的同时体现人物心情，朗读时对这些字进行重点朗读可以起到贴合文章氛围以及增强文章情感的作用。将朗读内容目标聚焦于词、句、段时多以文章中重点词句或者段落为焦点，其多为富有内涵的语句，能够起到揭示文章主题或与文章主题相呼应等重要作用。

比如，进行《动物儿歌》的朗读教学时，教师应先用不同的颜色标记出动物名称、动物在哪里、动物在做什么，然后有节奏地提问"什么 / 半空 / 展翅飞""蚯蚓 / 哪里 / 造宫殿""蝌蚪 / 池中 / 干什么"，引导学生有节奏地回答。从而在教师的引领下，学生采用合作对读、拍手读等形式，将这首充满童趣的儿歌读出节奏、读出韵律、读出趣味。接着教师让学生仿照课文创编儿歌，再通过多种形式的朗读，让学生在诗歌王国里自由翱翔，获得属于自己的那一份独特的情感体验，以让学生在朗读过程中体会到自然界的趣味为本节课的朗读目标。

总而言之，教师在朗读教学活动中的主导作用主要就体现在教学目标的确立之上，教师通过所制定的教学目标开展朗读教学，在教学中以学生为主体，给学生创造朗读的机会，并根据教学目标进行正确的引导，使朗读教学不偏离主体，有效地推进朗读教学活动的进行。

第二节　制定朗读教学设计

教学设计是在教学目标的基础之上进行的，是对教学中具体环节与具体教学方法的设计。要做好教学设计，重要的是教师将所要教的内容进行整合与内化，提炼出其中的重难点并进行分析，尽量多设计互动环节，在与学生的互动中巧妙加深学生对内容的记忆与理解。

一、朗读教学课前设计

（一）教师的准备工作

做好朗读教学设计要求教师在课前就充分研读文本，做到自己先将文本内化，结合学情考虑教学中学生会出现的问题并提前想好解决措施，细化教学设计，提高其可行性与适用性，由此，教学才能做到游刃有余。

（二）学生的准备工作

学生在朗读教学开始前，需要提前预习将在课上学习的朗读材料，标注出不认识的字词，并利用字典、网络等工具找到其正确的读音，从而能顺利地把朗读材料朗读出来，对朗读材料形成一个整体的认识。

二、朗读教学课中设计

进入课堂教学阶段，教师按计划落实自己的课前准备时，还要注意教学过程的趣味性，如果只是枯燥地按教学计划讲解书本内容，会使学生提不起兴趣，这样即使再完善的教学计划也很难真正发挥作用。因此，教师在课堂上应多与学生互动，增加其课堂参与度。除此之外，教师还可以多使用幻灯片等教学设备，通过展示图片、视频、音频等形式使学生运用多感官学习，从而在增加学生新鲜感的同时加强其对教学内容的记忆。

在课堂上，教师还需具有变通思维，不可脱离实际情况一味地按照教学计划进行教学，而应在教学中多观察课堂气氛以及学生神情，根据学生反应适当调整教学节奏。

（一）优化教学内容

通过教学设计，教师可以清楚地将所要教学的内容进行计划与安排，并结合对学生的了解思考教学中会出现的情况，据此设立教学目标、选择教学模式、安排教学环节，以保证教学活动的正常进行。

1.有序组合教学内容，体现教学的科学性

教师需要对课堂的学习材料进行深入钻研和系统剖析，在准确把握课程标准对不同阶段学生的不同要求、保证完成教学目标的前提下，以学生学情与教学实际状况为依据，灵活、适时地对教学知识点与教学进度进行调整，在满足学生个性发展需要的同时，开展更为有效的朗读教学活动。

2.有机整合生活内容，呈现教学的生活性

朗读课堂的学习内容是静态的文字，教师应该根据学生的身心特征，为学生创造生活化的朗读教学情景，展现出学习内容的生命状态，使学生更好地理解学习内容的内在思想，把握住材料的情感，使朗读教学过程变得生动、活泼、有效。

将生活场景引入课堂教学，激活静态语言，不仅可以激发学生学习的兴趣与内在需求，提升学生解析朗读材料的积极性，还可以提高学生的实践能力。

（二）调整教学方法

教学方法也叫教学法手段，是教学过程中教师与学生为实现教学目的和教学任务要求，在教学活动中所采取的行为方式的总称，由指导思想、基本手段以及教学方式三个层面组成。在朗读教学活动中，由于文章文体、学生学情、文章内容等方面都具有较大的差异性，所以单一的教学手段无法做到适用于所有文体、所有年级学生以及所有内容情感的朗读教学，这就要求教师能掌握多种教学手段，并能够根据学生、文章以及教学环节等具体情况具体运用。

教学设计以教学方法为指导。进行教学设计时，要把各教学要素看成一个系统，分析教学问题和需求，确立解决问题的程序纲要，使教学效果最优化。

进行朗读教学时，教师应引导学生以文章为出发点，进行深入探究与思考，包括对文章内容表现形式的探究、对文章情感表达手法的思考以及对朗读形式的思考与创新，并在不断思考中获得新的知识，根据自身特点创造出新的朗读形式。这就要求教师充分发挥出引导作用，让学生重视思考、有效思考。

基本教学手段按照其外部形态的不同大体可以划分为以下五类。

1. 语言传递信息

这类教学手段主要包括讲授法、谈话法、讨论法、读书指导法等，是让信息以语言的形式在教师与学生之间进行传递，学生进行知识的汲取与理解的途径以听觉为主，信息摄取具有时间短、速度快、表层化等特点。

以语言传递信息为主的教学手段在朗读教学活动中的应用主要表现为教师范读、播放优秀朗读音频等方式，使学生通过听他人的朗读来对文章进行感知，这种教学手段适用于新课开篇，让学生通过听来纠正字音以及对文章内容节奏进行初步感知。

2. 直接感知

这类教学手段主要包括演示法、参观法等，是通过对具体物进行现实还原等方式让学生身临其境，如学习《爬山虎的脚》这篇文章时，教师可将一株现实中的爬山虎带入教室，供学生传递观看，做到使学生直接感知课文内容。这种方法具有直观、切实、深入等特点，也是使学生对知识进行深入感知、巩固的常用教学手段。

以直接感知为主的教学手段在朗读教学活动中的应用具体表现为在朗读文本研读阶段，教师通过对具体物的展现，让学生直接看到作者所描绘的事物，使学生既能学习描写手法，又能对文章进行真切感悟，有助于学生朗读中真情实感的抒发。除此之外，直接感知还体现在组织参观教学手段的应用上。

例如，在进行《观潮》课文的朗读教学时，有条件的学校可以组织学生观看真实的江潮，身临其境地感受作者所处的环境与情感，真切地体会到涨潮时的激昂澎湃，这样学生才能更好地读出文章中涨潮时作者的情感，达到最佳朗读效果。

3. 实际训练

这类教学手段主要包括练习法、实验法、实习作业法等，是让学生通过实际的训练、反复的练习进行学习与巩固，如在学生学习完一些生字词的书写之后，教师通过布置作业、课后练习、学生板书等方式让学生自己书写所学的字，进而进行知识的巩固、技能的强化。

以实际训练为主的教学手段在朗读教学活动中的应用具体表现为教师让学生自己朗读文章，并在朗读前提出问题，让其在朗读过程中寻找答案。这种教学手段是应用最为频繁的手段，具有见效快、能增加学生体验感等优点。

4. 欣赏活动

这类教学手段主要包括陶冶法，即以景冶情，通过周围的景创造出一种难以言表的境，使学生在这种境中得到情感的升华、思想素养的提升。这种教学手段往往是潜移默化的，见效慢，具有长期性。

以欣赏活动为主的教学手段在朗读活动中的应用具体体现在朗读时对情境的创造。例如，教师在学生朗读时播放相关音乐，教师组织学生分角色朗读时要求学生对人物动作表情进行还原，等等。可以说就是教师根据文章所描写的情境尽可能地进行还原，使学生在这种情境与氛围的渲染之下更易于理解文章、理解作者，由此感悟文章内涵与情感，并将这些情感赋予朗读之中，使朗读变得更具感染力。

5. 引导探究

这类教学手段主要包括发现法、探究法等，就是教师起引导作用，学生通过自主探究进行学习。这种教学手段充分体现了学生的主体地位，即学生是学校以及教学活动的主体，能够增强学生的学习参与感与体验感。

以引导探究为主的教学手段在朗读活动中的具体应用体现在朗读时教师不是一味地进行范读，让学生对自己进行模仿，而是要让学生自行朗读进行发现学习，教师可以设立几个问题对学生的朗读进行引导，既尊重学生主体地位，又不会使学生偏离教学目标。这种教师引导学生自行探究的朗读教学手段可以让学生的学习体验感更加丰富，也使学生对自己发掘出的知识掌握更加牢固，增加学生学习自信心，激发其学习兴趣。

需要注意的是，以上教学手段的运用并不是独立的，教师在设计一堂朗读教学课时，要根据班级学生具体情况进行以上手段的运用，在一些情况下可以将两个及以上教学手段进行结合使用。总之，一切教学手段的使用都是以学生为出发点、以教学目标为指导的。

（三）灵活运用教学工具

小学阶段的学生具有强烈的好奇心，针对这一心理特点，教师可以在朗读教学中，充分利用多媒体，吸引学生注意力，激发学生的学习兴趣。多媒体以其鲜明的图像、生动的声音、灵活多变的特点丰富了朗读课程的内容，教师要积极利用多媒体，发挥教师的主导作用，引导学生进行分析思考，以求视听并举、相辅相成。

三、朗读教学课后设计

课后环节是教学设计的深入落实中最容易被忽略的部分。课后是教师与学生进行有效沟通的最佳时间，教师只有在与学生的真实沟通中才能发现自己教学设计中的不足并进行改进，也可以记录学生觉得好的环节以便于下次教学设计时参考。

课后对课堂上所学内容的回顾与思考也称反思，就像教学活动中教师的教学反思一样，学生在学完一篇文章后也应进行相应的反思，这种反思环节也是学生对知识的巩固与对其中内涵的内化。反思的具体内容应该包含"这堂课学到了什么？""得到了什么启发？""对我的生活学习有何帮助？""以后遇到此类问题应该怎么做"等。在朗读教学中反思主要表现为文章所引发的深层次的思考以及朗读本篇文章后对朗读策略以及朗读方法的灵活使用的思考。

学生只有进行了切实的课后反思，才能有效地将课堂知识带到课外，让学习为生活、为个人的成长与发展服务。

教师只有通过以上的内容设计与方法学习，再结合具体情境进行改进与完善，做到行之有效的教学设计并将其深入落实到教学中去，才能更好地达到教学目标，使教学水平更上一层楼。

总而言之，不仅仅是朗读教学，一切教学活动都应注重学生"学"与"思"的结合，让学生通过学习有所启发、有所思考，并在思考中得到自己独特的见解，这既能培养学生独立思考与创新的能力，又能让学生在学习中学有所长，习有所得。

第三节　明确朗读教学策略

一、课前预习

在朗读教学准备阶段，教师应引导学生对文章创作背景进行思考与探究，文章的创作背景是文章的根基，其关联着文章内容，对于文章内容有较大的影响。小学语文教材中很多文章是学生仅靠自己的知识和经验无法切实体会到的。学生学习一篇文章是为了通过文章去了解一个时代的文化，了解作者的文化，继承其中的优良文化，得到情感的熏陶。但如果学习一篇文章时，学生连文章的写作时代、背景以及作者经历都不了解，那么其对作品的解读无疑是一具空壳，在这空壳之上的朗读也是学生站在自己主观感情上的朗读，极易对文章造成歪曲与误解。好的朗读是通过别人的思想感情对自身情感与视野进行的扩展。

因此，对一篇文章创作背景的探究是对文章进行解读的出发点。就像白居易所说："文章合为时而著，歌诗合为事而作。"对文本的创作背景探究不到位会导致学生对文章立意与落脚点的把握不到位，对作者真实的所想所感缺乏基本理解，从而产生理解的偏差，导致朗读活动整体的偏差。例如，对人教版小学语文三年级下册课文《赵州桥》进行朗读教学前，教师如果不引导学生对桥梁相关方面的知识进行了解、对赵州桥建造的时代背景进行了解，那么学生就很难明白赵州桥的雄伟与建造者的智慧，难以与文章产生共鸣，从而难以把握朗读情感，达不到朗读效果。

所以文章的创作背景就像这篇文章的钥匙，只有对其进行深入思考探究才能牢牢地抓住它，用它解决读文章时遇到的种种问题，接下来的学习自然会变得轻松起来。教师正确引导学生课前对课文相关背景进行探究，不仅可以发挥学生的主体性，还能充分激发学生对文章的好奇心以及学习兴趣，帮助学生更好地理解文章，为接下来的朗读奠定基础。

二、课中教学

（一）明确教学内容

教师在进行朗读教学时，要设定好每节课的教学目标与教学形式，使用恰当的教学方法，安排学习的朗读材料，要符合学生学习发展的需要，内容上可以从简单到复杂，情感上由单一到多变。例如，小学阶段的朗读教学内容可以选择一些比较浅近的童话、故事，还可以选择童谣、儿歌或者一些简单的古诗文。

（二）选择教学方法

1.开展丰富的教学活动

（1）情景教学。

（2）教师领读。

（3）朗读比赛。

2.牢牢把握教学方法的侧重点

（1）保证时间，让学生充分朗读。小学阶段通常教学任务较为繁重，再加上学时紧张，因此许多教师会将朗读教学形式化，匆匆地走走过场，便不了了之。这种朗读教学无疑是在做无用功，会造成教学时间的浪费、教学效率的下降。例如，许多教师没有进行相应的引导，在新课教学的开始阶段，没有布置任何任务便直接安排学生进行自由朗读，短暂时间过后便要求学生结束朗读。这种情况下许多学生往往会出现朗读不入脑、机械化朗读的情况，甚至有些学生还无法在短时间内完整地将一篇课文朗读下来，更别提深入感悟课文内容以及把握文章的情感了。这种教学下的朗读犹如"花架子"一般，只做到了形式上的"好看"，却丝毫没有存在的意义。造成这种情况的原因有很多，如教师内心的不重视、学生对自身的学习不负责等，但最主要的原因还是教师对于朗读的不够重视以及对朗读教学时间安排不合理。

由于没有充足的时间，学生为完成任务只能将朗读速度加快，但在加快的同时，也无法对文章进行理解与感悟，从而导致朗读练习犹如蜻蜓点水，起不到真正作用。因此，教师在进行教学前就应根据教学内容以及学生情况合理安排好朗读时间，将时间交还给学生，让其有充分的时间进行试读、练读、朗读，在反复读的过程中读出文章的情趣、读出自己的感觉，这是让学生将文章读完、读好、读深刻的基础，也是教师讲授式教学所达不到的水平。这种学生通过自身实践所得到的经验与知识会长久地停留在学生的脑海中，形成长期记忆，对学生知识的巩固与情感的熏陶具有莫大帮助。此外教师还要保证朗读后的评价时间，及时通过评价来让学生认识到自己朗读的优缺点，由此激励学生强化朗读训练，从而提高学生的朗读水平。

许多教师会问："时间要从哪儿挤出来？"这就要求教师在课前做足准备，合理有效地对教学进行思考设计，根据重要程度合理安排教学时间，让烦琐的教师讲授、教师提问、学生回答等内容让位给朗读。低段课文浅显易懂，不必按部就班地进行细致分析，可将教师分析的时间分给朗读。中、高年级课文较长，可以布置课前的预习朗读任务，重视学生的自主朗读，把握好教学时间。

（2）巧妙引导，让学生领悟技巧。小学语文朗读教学中，在保证学生充足的朗读时间的基础之上，教师还应注重自身引导的巧妙性。学生的朗读学习仅靠其学生自悟自得是远远不够的，尤其是对小学年龄阶段的学生来说，其认知水平会对文章内容的理解形成局限，有时甚至会造成对文章的曲解。这也就体现出教师引导的重要性。教师在合适的节点进行巧妙引导，不仅能帮助学生正确理解感受文章，还会促使学生进行更深入的探索与想象，使其朗读达到更高水平。

因此，教师应在充分理解文章与学生学情的基础之上，有重点、有目的地巧妙地对学生的朗读加以点拨与引导，使其在正确的朗读道路上进行更深层次的探索与感悟。例如，在进行古诗《赠汪伦》教学时，教师在让学生进行朗读之前可以先行介绍其创作背景，即李白在与汪伦一起饮酒游玩数日之后，将要分别时给汪伦写下的送别诗，这其中蕴含着李白与汪伦这几日所产生的深厚情谊与恋恋不舍。让学生了解课文大致背景之后再进行朗读，可以加强学生朗读的目的性，引导其在此基础之上展开想象，更易于使其快速进入情境之中，深入感受与友人离别时的情感，并由此深入感悟该诗。这种巧妙引导学生自行感悟的方式要比直接讲授或让学生直接朗读高效得多。

（3）培养情感，让学生深入朗读。朗读教学中，情感是灵魂，是点睛之笔，没有情感的朗读都是死板的机械化朗读，也会使文章失去对学生情感与综合素养上的教育意义。因此，在学生朗读之前教师应注重引导学生对文章情感进行把握，从而引导学生正确地进行有感情的朗读，以达到朗读教学的目的。

文章不同，其内容与情感也会有差异，所以在对学生情感把握能力进行训练时，应尽量教授其方式方法，引导其抓住文章的主要情感基调，在词基础之上进行逐字逐句的精读，对文章细节部分进行情感把握。这样学生才能掌握方法，做到举一反三，在进行不同文章的朗读时，都可以充分明确朗读目标，运用相应方法对文章情感内容进行把握，从而对文章的品读更加充分，自身的语言感悟能力得到切实提高。

①利用现代技术，激发学生情感。在小学语文阅读教学中积极引入现代科学技术，有利于为学生创造良好的朗读环境，让学生沉浸在文章的内容中，感受文章的情感内涵，从而激发学生的情感共鸣，使其加深对人物特征的理解，掌握文章核心思想，从而为朗读训练提供支持。

②注重朗读过程，促进学生体验。小学语文朗读教学不是让学生在机械地重复读文章的过程中记忆文章，而是让学生通过朗读，加深对文章内容的理解、对文章内涵的挖掘与探索，从而获得更深层次的知识和感悟，提高学生

语文能力。在朗读教学实践中，教师也应不断进行教学创新，丰富课堂教学形式，以提高学生的朗读兴趣与课堂积极性，充分发挥学生的主体性。另外，为了更好地促使学生在朗读中融入更多的思考，使朗读的真正功能得到充分发挥，教师要不断引导学生在朗读中进行独立思考，对文章的构思、文章所表达的情感提出自己的观点和看法。有效的朗读能够使学生不断发挥思维能力，引导学生在有感情的朗读中理解文章的深刻内涵，激发学生的情感体验。

（4）设置问题，让学生主动探究。创设问题情境是激发学生学习兴趣的重要手段之一，还有助于引导学生思考，提升其对文章以及问题的探究能力。在朗读教学中，教师设置问题，让学生带着问题朗读，可以将教学内容以问题的形式展现在学生面前，将学生学习的过程变为学生发现问题、探究问题、解决问题的过程，使学生在朗读中带着对问题的思考，对文章进行深入探究。这种引导能够使学生自始至终都带着问题，在问题情境中主动思考探究，有助于学生思考探究意识与能力的培养。

（5）注重习惯养成，让学生受益终身。在小学阶段，由于受教育者具有较高可塑性，所以此阶段是朗读良好习惯培养的最佳时段。在朗读技巧方法训练中逐步纠正学生的错误，指导其培养良好的朗读习惯也是小学语文朗读教学中教师应致力的教学任务之一。一个最常见的例子：许多学生在朗读时会出现语速过快、声音小、唱读等不良习惯，教师在教学中应善于发现各种不良习惯并进行纠正，使学生养成良好朗读习惯，这样学生无论是在课堂上朗读还是课外朗读，抑或是对不同体裁、不同情感内涵文章的朗读都会达到良好的朗读效果。

此外还有许多良好朗读习惯，如边画边读，正确运用粗读、精读、略读等朗读手段进行有效朗读，等等。这也需要教师善于发现好的朗读习惯，并引导学生在多次朗读中逐渐养成好的朗读习惯，使其受益终身。

总之，朗读是一种将无声语言转化为有声语言的艺术形式，其在小学语文教学中的地位是不容小觑的。教学中教师应善于运用多种教学手段对学生朗读的各个方面进行引导，使其能正确、流利、有感情地进行高效朗读，培养其良好的朗读习惯，让语文课堂成为学生向往的乐园，长此以往，学生必定会在朗读学习中收获良多，茁壮成长。

（三）使用多媒体工具教学

课本中的知识都是以文字形式展现在学生面前，这种单一的形式难免会让学生觉得枯燥与乏味，这就要求教师在进行教学时，充分利用好教学媒介，将课本中的知识生动化、形象化，调动学生多感官进行感受与学习。这种多运用教学媒介的方法不仅能够丰富学生对课文的感知形式，还能够丰富教学内容，使所教的知识不再是单一的文字形式，而是视频、音频甚至是实物形式等，这种对教学的丰富也会使学生更易于产生共鸣，有利于其情感态度即价值观的培养。

多媒体现阶段在教学中已经得到了广泛应用，在教学实践中能帮助教师充分利用各种各样的学习资源，将其融入教学中，实现资源的有效利用。除此之外，多媒体具有的直观性与便捷性可以辅助教师更好地丰富教学内容、完善教学手段，使学生能更好地掌握知识，获取技能，将教学效果提升到更高层次。多媒体在朗读教学中的作用主要体现在以下几个方面。

1. 纠正读音

小学阶段儿童字词储备量不足，尤其是小学低段儿童对字音的朗读时常会出现各种各样的问题，在常规教学中，教师只能通过一遍一遍地范读来教授学生字音的读法，学生只能以一遍一遍地模仿老师来纠正读音，但这种教学通常治标不治本，学生的模仿只是通过自己所听到的音来纠正，会由于始终不知道正确的发音方式，逐渐失去耐心，也失去了学习的兴趣。此时，多媒体的应用就显得尤为重要，教师可以通过多媒体展示正确发音的相关视频，提高教学科学性的同时，激发学生学习兴趣。动态视频可以展示发音时的喉咙状态、舌头位置等平时教学展示不到的地方，让学生学习更加准确具体的发音方式，由此，纠正学生字音的朗读就变得轻松起来。

例如，在进行单韵母 a 的发音教学时，教师可以利用多媒体结合生活实际进行举例，播放示范视频：小明生病去医院做检查，医生要求他张大嘴巴发出"啊"的声音，并让学生跟着小明一起张大嘴巴发出"啊"的声音。这样，让学生的学习与生活实际充分结合，让学生能有效地进入情境，从而有效激发学生学习的积极性，让其学会单韵母 a 的正确发音技巧。

多媒体还可以被用来创设更好的情境，从而让学生能够更好地投入学习中，如在进行生字词朗读复习教学时，教师可以利用多媒体辅助相关的游戏探索类教学活动，让学生进入情境：帮助小明摘苹果，每一个苹果上面都标着一个生字，学生朗读对了才能帮助小明摘下这个苹果。这种利用多媒体让教学与游戏相结合的教学手段能充分激发学生学习的积极性，让学生在快乐的环境中巩固知识，有效提升课堂效率。

除此之外，能让学生真正认识到自己发音准确性的重要手段之一就是将学生朗读的声音记录下来，并在其朗读之后进行播放，使其以听众的身份来感受自己的朗读，进行客观的评价，从而提升学生的朗读水平。因此，教师在进行朗读教学时，可以充分利用这一技巧，使用多媒体将学生朗读的过程记录下来，再进行播放，让学生对自己的朗读得到有效认知，甚至可以将读得好的录音保存下来，在学校公共广播等平台进行播放，或者以竞赛的形式组织学生分组合作朗读，让学生投票决定哪一组的朗读更好，并对优胜组全组成员进行奖励。这样不仅能让学生意识到自己朗读的症结所在，还能让朗读好的学生发挥榜样作用，充分激发学生的朗读兴趣，提升学生的学习内驱力。

2. 了解文章

传统教学模式中，学生对于文章的了解只停留在书面文字介绍以及教师口头讲述上，这种了解方式枯燥乏味，导致很多学生提不起兴趣。而应用多媒体后，教师可以通过播放动画视频、图文结合的幻灯片等方式展现文章作者简介、文章写作背景、文章内容等，使学生调动多感官对文章进行了解。例如，在学习课文《观潮》时，很多学生由于没有见过江河涨潮的景象，难以通过自身想象达到最佳朗读效果，这时教师可以通过多媒体播放涨潮视频，让学生如临其境地充分感受涨潮景象，为接下来的朗读打好基础。

这种教学手法还能让学生充分地感受到各种文体、各种内容文章的内在魅力。教师通过多媒体创设出相关的情境，带领学生走入文章深处进行感知与探索，在此基础之上的朗读必然会比之前增添许多色彩。例如，在进行诗歌《九月九日忆山东兄弟》的朗读教学时，教师可通过多媒体播放作者作为游子背井离乡，在热闹的重阳佳节独自作诗来思念亲人、朋友的动画视频，引起学生的情感共鸣；还可以播放相关的音乐来渲染这种悲凉的氛围，使学生在气氛的感染之下，理解作者的心情。学生在这种理解之上进行朗读，不仅能够有效提升朗读的感染力，还能有效学到知识，受到情感与思想上的熏陶，得到素养水平的提升。

多媒体之所以能够达到如此好的教学效果，是因为其对文章展现形式的多样性，它可以通过相应的视频、音频、幻灯片等多种形式将文章本身的内容与情境进行整合并展现在学生的面前，让学生的耳朵能够听到文章、眼睛能够看到文章、内心能够感受到文章，从而更好地读文章、理解文章。这种教学效果是其他教学手段无法比拟的。

3. 渲染氛围

用多媒体来渲染朗读氛围是小学阶段朗读教学教师常用的教学手段之一，心理学研究表明，人的认知活动是与人的情感活动息息相关的。教师通过运用多媒体播放音频、幻灯片甚至视频等方式进行情境的设置，对朗读所需要的氛围进行渲染，让学生身临其境，能充分激发出学生内心的情感，还有利于学生在学习中产生情感共鸣，从而更好地进入作者所设置的情境中，产生更深层次的感悟。此外，多媒体教学更加符合小学阶段学生的心理特点和认知规律，能有效地帮助学生在积极主动的学习中汲取更多知识，并将其进行内化，这也能够在一定程度上提高朗读教学的效率。

同样以课文《观潮》的朗读教学为例，在学生朗读到文章高潮部分"涨潮"时，教师可以运用多媒体给学生配上激昂的音乐，为朗读渲染氛围，使学生情绪更加饱满的同时，使整个朗读更具感染力，让听众也如临其境，感受到浪潮的声势浩荡、作者的兴奋激动，由此提升朗读效果。

教师合理地运用多媒体进行朗读教学还能充分激发学生学习的主动性，从而将整个课堂的氛围变得更加积极活泼，让学生在欢快的氛围中快乐学习。

人们每当看到电视剧、电影中的美好结局时，心中都会充满了幸福与快乐，由此可见，人们的情感是可以被外界事物感染的。教师在进行小学语文朗读教学时，可以充分利用这一特点进行课堂教学环境与氛围的设置，让学生受到快乐积极情感的感染，从而在快乐中学习。值得一提的是，在这种轻松愉悦氛围中学到的知识往往对学生具有更大的教育意义，也是最容易被学生所接受、消化的知识。教师在教学中有效利用多媒体技术，将死板的语言文字以声像俱全、图文并茂的形式展现在学生的面前，让学生更好地感受到语言文字的美妙、世界的精彩，在生机盎然的课堂氛围中受到感染，不仅能让学生在快乐中获取知识，还能让学生在快乐中得到成长。

除了在课堂中的具体实践运用，多媒体技术还被广泛地应用于网络教学，教师可以通过开设网络课程进行远程教学，这种远程教学的普及使教育不再受到地域的局限，在一定意义上也节省了许多人力、物力、财力等资源，对教育产生了很大影响。这就要求教师尽可能多地掌握计算机多媒体知识，并将它恰当地运用到教学工作中，这样才能做到资源的有效利用，从而更好地完成教学活动并达到教学目标。

总之，让多媒体走进课堂，不仅能够有效提升教学的质量，还能给学生枯燥乏味的学习注入新的生机，让学生的学习具有更高的主动性，使学生在积极的氛围中有效汲取知识，受到情感熏陶，最终得到全面发展。

三、课后巩固

小学生想要在课堂上达到熟练掌握朗读的方法、能深入分析朗读材料的内容并进行有感情的朗读的学习效果是具有一定困难的，因此学生需要在学习完知识后及时进行课后复习。学生可以在课后及时进行知识回忆，温故而知新，获得新的学习体验；也可以使用章节联系复习法，在学习完整个章节之后，将整个章节的内容串联起来，统一复习，进一步掌握文章的情感线索，从而推动朗读能力的进步。除此之外，学生还可以采用睡前过滤记忆法，在睡觉之前，将所学知识进行系统的"过滤"。只有进行了充分的课后复习，学生才能将朗读教学课堂中的知识充分吸收，深化自己的理解，才可以真正提高朗读的能力。

第四节　提出朗读教学评价

一、朗读教学评价目的

在小学语文朗读教学中，文本的解读是朗读者对文章的理解与发掘，而朗读评价就是听众对经过朗读者修饰渲染的内容的感受，两者具有相同重要的地位，都对学生的朗读发挥着促进作用。及时的朗读评价是对朗读的进一步完善与提升，有时对文章未解读出的内容会经由评价环节得到补充，朗读者的朗读能力从而能够得到提升。而缺乏评价的朗读会导致朗读效果不理想，尽管在教学时学生的积极性高涨，但由于他们无法得到真正及时的反馈，这种朗读就会变成形式化朗读，学生无法得到建议与反馈，从而学不到相关知识，最后就会做了无用功。

在实际教学中，有些教师已经意识到朗读评价的作用，也能及时地对学生的朗读进行评价，但评价不到位等原因还是会导致评价对学生的朗读没有产生实质性的帮助。这种评价不到位的情况归根结底还是教师自身专业水平不足所导致的，教师应学习朗读评价用语以及评价方式等技巧，使自己给学生提供的评价能够在直击要害、帮助学生找出不足的同时，维护好学生的自信心与自尊心，以委婉的方式让学生找到症结所在并改正，从而提升朗读水平。

因此，朗读评价环节是小学语文朗读教学活动中不可或缺的部分。好的评价能够有效激发学生的热情和求知欲望，在朗读教学活动中针对学生采取鼓励、激趣等方式的朗读评价不仅有利于高效地完成教学目标，还能增强学生的朗读自信心以及朗读兴趣。

朗读评价按照作用形式可以划分为显性和隐性两个方面，显性评价主要作用在课堂之上，是对学生朗读的专业性量表评价；隐性评价体现在师生之间以及生生之间的口头评价上。在教学中将显性评价与隐性评价相结合，对学生的朗读进行多方面评价，能够达到评价的最佳效果。

（一）导向功能

首先，教学评价的基本依据为教学大纲所给定的教学目的、教学任务以及教学内容，因此小学语文朗读教学的评价依据是语文教学大纲。教师应将师生的活动分解为若干部分，制定出相应的朗读评价标准，以此有效促进朗读教学的改革。教学评价的导向功能具体体现在评价体系的建立是否能够使教师的教学沿着正确的教学轨道，按照教育方针和教学目标前进，从而保证整个朗读教学始终沿着正确的方向推进。

其次，教学评价能使教师在评价中反思，在反思中寻找更优化的教学方式，转变教育思想，在以后的教学中充分发挥教育创新意识，从而达到改进朗读教学的目的。

最后，朗读教学评价体系的建立有助于提高教师对朗读教学的重视程度，有助于使教师把握教学的重点，在教学中注重评价所侧重的各种相关因素，对其进行改进与完善后将其作为教学中展示和发挥的重点。这也是朗读教学评价的导向功能的体现。

（二）激励功能

所谓激励功能，顾名思义，就是学生从评价中得到鼓励，从而激起积极性，在激励中得到进步与成长。朗读教学评价的激励功能体现在教师通过对教学评价中针对教学的状况和优缺点的评价进行分析，了解并分析自身教学中的优点、缺点、亮点、弱点等，逐步完善自身教学。

在教学过程中对学生进行适时的激励性评价不仅能让学生感受到温暖与尊重，从而提高朗读自信心，增强学习的内驱力，对学生的朗读起到促进作用，还能在一定程度上改善课堂氛围，为学生创设和谐、平等的学习氛围，从而激发学生学习的积极性。

此外，在课堂上教师运用尊重学生个体差异的激励评价，不仅能激发学生思维活力，拓展学生思维深度，还能让学生得到实实在在的成就感。因此，朗读教学评价的完善有利于激励教师更好地开展朗读教学活动，更加重视朗读教学，也有利于学生朗读积极性与朗读能力的提升。

二、朗读教学评价原则

（一）全面性原则

全面性原则是朗读教学评价的基本原则之一，它是指教师在进行朗读教学评价时要坚持多角度、全方位的原则，不能断章取义、以点代面。例如，在朗读教学过程中，有一位善于朗读的学生能够将文章正确、流利、有感情地朗读出来，教师就认为班级中所有学生都能够达到标准，从而给予本堂课很高的教学评价。这种评价无疑是片面的、无效的评价。除此之外，教师对教学的评价应将重点放在学生的全面发展上，而不仅仅是关注学生知识的获取、学生智力方面的提升。学生能力水平的培养、情感态度与价值观的梳理才是教学评价的重中之重。

（二）发展性原则

发展性原则是指教师的朗读教学评价应是动态发展的，既关注学生的最近发展区，又关注未来教学的发展，并以此为基础进行综合性评价。这就要求教师跳出以往简单的以评分、评级等形式对学生学习效果以及教学质量进行的静态功利性评价，探索更多样灵活的评价方式，如对学生进步水平的评价、对学生成长与发展趋势的评价等。以动态的发展衡量教学质量、进行教学评价是使评价发挥促进作用、面向未来的重要手段。

（三）科学性原则

朗读教学评价坚持科学性原则是朗读教学评价发挥作用的基本条件。科学性原则是指在进行朗读教学评价时，从"教师的教"与"学生的学"两个方面出发，以科学的教学目标体系为基础进行的朗读教学评价。只有这样才能保证评价的公正客观，让教师更清晰地认识到教学中存在的优缺点，使评价对教学产生促进作用。

（四）指导性原则

指导性原则是指朗读教学评价对朗读教学分析以及朗读教学内容的导向作用。教师通过对评价结果的认真分析，对朗读教学工作中的各种情况进行了解，并受到启发，明确接下来朗读教学工作的方向。

三、构建合理的朗读教学评价机制

（一）评价内容

朗读教学评价是围绕整个教学过程的、全方位的、具体的，需构建"三维式"立体评价系统。具体从"教"的评价、"学"的评价与教学过程评价三个维度进行。

朗读教学与其他教学一样，实质上是教师教与学生学相互融合的过程，"教"是教学手段的运用，"学"是最终教学效果的体现，而中间的过程便是教学过程，其是整个教学活动的关键环节，也是决定朗读教学水平的核心所在。因此，整个朗读教学评价应具体结合如下三个方面，着重关注教学过程，进行"三维"评价。

1．"教"的评价

在朗读教学评价中，对于"教"的评价应着重关注教师朗读文本选择、朗读教学方式以及朗读教学水平三个方面。

（1）朗读文本选择。不是教材中的所有文本都适合以朗读的形式来展现，有些文本由于其自身质地与语言特点的影响，不适用于朗读，如一些含有冗长对话的文本，这类文本会使朗读者感到疲惫，尤其是对小学年龄段的孩子来说，冗长的对话如果没有合适的语音转换以及相同人物语音语调的一致性，就很难分辨出哪些话是谁说的，这对朗读者和听众来说都是很大的挑战。因此，在朗读教学评价中，只有关注文本的适用性，并对教师针对不同类型文本的差异进行的朗读教学提出要求，才能使评价发挥其反思与促进作用。

小学语文教材中，最常见的五种文本类型为小说类、童话类、散文类、诗歌类以及文言文类。首先，具有简洁性、强抒情性的诗歌以及具有趣味性、哲理性的童话是最受学生喜爱以及最适合进行朗读教学的文本类型；其次是散文，它通常含有大量优美的语句，有利于学生在朗读中进行深入感受与发掘；再次是小说，选择小说文本时，教师需要根据具体文本内容进行甄别，小说通常内容较长，教师可以根据教学需要安排片段朗读、分角色朗读或课外朗读；最后是文言文，它在小学高学段教材中时有出现，此类文章虽然在教材中占比较小，但适用于朗读教学，原因是文言文的字词通常晦涩难懂，安排对这类文本的朗读教学可以在一定程度上锻炼学生的高水准朗读能力，有助于学生积累学识，达到更高的朗读水平。

（2）朗读教学方式。对朗读教学方式的评价是针对教学过程中教师是否能够安排合适的朗读形式的评价。合适的教学方式的运用可以使教学具有更高的效率，同时针对不同文本类型所使用的不同教学方式不仅可以使教学具有新鲜感，还可以使教学更具灵活性。对朗读教学方式的评价也是对教师在不同情境下运用不同教学方式的能力的评价。如果教师能够根据不同的朗读目标以及文本类型安排不同的朗读形式，增强教学的适用性，长此以往教学效果的提升指日可待。

（3）朗读教学水平。朗读教学水平以教学结束后学生所能达到的平均朗读水平为主要指标，其评判标准以小学语文朗读教学评价标准为指导，将朗读教学分为初级、中级、高级三个等级。

首先是初级的朗读教学。在这个教学等级中，教师关注的是全体学生的朗读，即朗读的主体全面化。主要目标是使全体学生都能以标准普通话正确流利地进行朗读。

其次是中级的朗读教学。这种朗读教学是在朗读正确流利的基础之上对学生朗读节奏以及断句、停顿等朗读技巧的正确运用加以要求，使之正确掌握朗读技巧并能将其灵活应用于不同文本的朗读中去。

最后是高级的朗读教学。这种朗读教学是在前两阶段教学基础之上增添情感的体悟与表达，将朗读主体与作品统一起来，达到朗读者与作品互相融合的效果。

除此之外，在对"教"进行评价时，也应注重对教师的道德水平与个人素养的评价，这种内在素质也会通过教师范读等"教"的环节体现出来，因此也该成为评价朗读教学"教"的一项指标。

2."学"的评价

"学"的评价往往是对一堂朗读教学课最终所产生效果的评价，这种效果就体现在学生"学"的情况上面。学生"学"的情况根据学生不同阶段的发展特点有所不同，具体可以分为以下三个阶段。

（1）初级阶段。初级阶段的学生大多为刚入学的一、二年级学生，他们由于对字词的积累较少，朗读时常会有读错字词等情况出现，朗读的准确性较差，同时对朗读节奏的把握也不够，经常会出现拖音、破音、含糊不清等情况，对朗读技巧的掌握几乎为零。对于此阶段学生的朗读教学应从最基本的字词的朗读教学着手，稳扎稳打，着重于对其朗读基本功的锻炼，严格按照小学语文朗读教学评价标准进行朗读评价，训练学生的朗读水平逐步向五星级水准靠近。小学语文低年段朗读教学评价标准如表5-1所示。

表5-1　小学语文低年段朗读教学评价标准

评价项目	五星级	四星级	三星级	二星级	一星级
正确程度	普通话标准，发音准确	普通话比较标准，发音比较准确	普通话很不标准，发音基本准确，读错字词在4～6个	普通话很不标准，读错字词在7～10个	普通话很不标准，读错字词超过10个
流利程度	朗读流利，停顿恰当	朗读基本流利，不恰当停顿不超过3处	朗读基本流利，不恰当停顿在4～6处	朗读不太流利，不恰当停顿在7～10处	朗读结巴、不流利，不恰当停顿超过10处
仪态举止	自然大方，声音响亮	比较自然大方，声音比较响亮	不够自然大方，声音比较小	不够自然大方，声音非常小	很不自然大方，声音特别小

从表5-1可以看出，小学语文低年段教学评价对学生流利程度以及仪态举止的要求较为宽松，更重视学生朗读的正确程度，要求其普通话标准、发音准确。

（2）中级阶段。处于此阶段的学生大多为小学三、四年级的学生，他们已经积累了基本的字词，对正确发音、断句等朗读技巧有了初步的了解与掌握，能够自己划分句子层次进行朗读，基本能做到朗读不出错。但他们对于文章含义以及情感的体会还处于较浅层次，因此也难以在朗读中做到将文章的内涵以及情感充分表达。小学语文中年段朗读教学评价标准如表 5-2 所示。

表 5-2　小学语文中年段朗读教学评价标准

评价项目	五星级	四星级	三星级	二星级	一星级
正确程度	普通话标准，发音准确	普通话比较标准，发音比较准确	普通话基本标准，发音基本正确，读错字词在 4～6 个	普通话不标准，读错字词在 7～10 个	普通话很不标准，读错字词超过 10 个
流利程度	朗读流利，不唱读，不回读，停顿恰当	朗读基本流利，不唱读，不回读，不恰当停顿不超过 3 处	朗读基本流利，不唱读，不回读，不恰当停顿在 4～6 处	朗读不太流利，出现唱读，有回读，不恰当停顿在 7～10 处	朗读结巴、不流利，唱读和回读现象严重，不恰当停顿超过 10 处
感情表现	能根据课文内容以及情感确定朗读节奏和音调	有感情地朗读，速度适中	基本有感情地朗读，速度适中	感情平淡，语音语调变化不明显	朗读没有感情，语音语调基本没有变化
仪态举止	仪态自然大方，有自信，声音响亮，吐字清晰	比较自然大方，声音比较响亮	基本自然大方，声音基本响亮	不够自然大方，不够自信，声音非较小	仪态不自然大方，不自信，声音特别小，吐字不清晰

从表 5-2 与表 5-1 的对比中可以发现小学中年段朗读教学评价标准比低年段多了一项"感情表现"，因此对于小学中年段学生的朗读教学评价应将重点放在其对文章的品味与解读、对表情达意的训练上。

（3）高级阶段。在此阶段的学生大多为小学五、六年级的学生，经过前面的学习与锻炼，此阶段学生已可以做到朗读时读得正确、流利，掌握了朗读技巧并能灵活运用，使朗读富有感情与感染力。小学语文高年段朗读教学评价标准如表 5-3 所示。

表 5-3　小学语文高年段朗读教学评价标准

评价项目	五星级	四星级	三星级	二星级	一星级
正确程度	普通话标准，发音准确	普通话比较标准，发音比较准确	普通话很不标准，发音基本正确，错字、添字、漏字在4～6个	普通话很不标准，错字、添字、漏字在7～10个	普通话很不标准，错字、添字、漏字超过10个
流利程度	朗读流利，不回读，停顿恰当	朗读基本流利，回读和不恰当停顿不超过3处	朗读基本流利，回读和不恰当停顿在4～6处	朗读不太流利，回读和不恰当停顿在7～10处	朗读结巴、不流利，回读和不恰当停顿超过10处
感情表现	能根据课文内容以及情感确定朗读节奏和音调，将自己置身于文本中，感受作者情绪，通过声音的起伏、节奏、语调，准确传达文本感情色彩	有感情地朗读，速度适中，声音充满力量、欢快或哀伤	基本有感情地朗读，速度适中	感情平淡，语音语调变化不明显	朗读没有感情，语音语调基本没有变化
仪态举止	自然大方，声音响亮，吐字清晰，自信且放松，看向听众和学生，与听者建立联系，手势和动作与所朗读内容相一致	比较自然大方，声音比较响亮，眼神明亮	基本自然大方，声音比较小	不够自然大方，声音非常小	很不自然大方，声音特别小

　　将表 5-3 与表 5-2 进行对比后可以发现小学高年段朗读教学评价标准对学生的感情表现以及仪态举止要求更高，这也表明对于小学高年段的学生来说，对朗读的学习已经基本完善，因此这一阶段的朗读教学评价应以巩固强化学生朗读能力为出发点，逐步提升评价标准，提高学生对文本的研读能力以及训练学生对朗读技巧的熟练运用，从而使学生的朗读水平向更高层次发展。

3. 教学过程评价

对教学过程的评价就是教师在朗读教学过程中对学生朗读进行指导时的形成性定性评价，包含教学过程中学生自己、学生与学生之间以及学生与老师之间互相的评价。这些评价往往以语言评价为主，侧重于人的感受，为无法被准确衡量的重要评价。因此，在教学过程评价中，要着重关注教师对学生的评价的语言性质。教师评价的语言不应只是单一的好与坏、对与错，而应是结合具体情境进行的全方位具体性评价，好在哪里、有哪些不足、该如何改进等都是教师评价需要考虑的问题。但无论如何，教学过程评价都是以激励学生参与接下来的朗读活动以及提高学生朗读水平为最终目的的客观公正的教学评价。

总之，朗读教学评价的目的在于改善和促进教学，这种"三维式"的评价体系能从多角度出发，充分考虑多种因素对教学评价的影响，更具科学性与指导性，对推进小学语文朗读教学、提高教学质量有着莫大的帮助。

（二）评价要求

教学评价按照在教学活动中的不同作用，可以分为诊断性评价、形成性评价和总结性评价三种。

教学评价按照评价方法的不同，可以分为定性评价和定量评价两种类型。

在进行小学语文朗读教学评价时要注意将多种评价方式相结合，避免评价单一，这样才能做到科学、客观、有效地进行评价，得到的结果也具有较好的指导意义与参考价值，教师也才能更好地为学生制定合适的教学模式，促进教学质量的提升。

（三）评价方法

在学生朗读结束后，教师及时地进行朗读评价有利于学生从多角度对自身朗读进行总结与反思，并通过教师的反馈准确地找到自己的不足之处加以改正，以提升朗读能力水平。因此，朗读评价是提升学生朗读水平的重要教学环节，这也就要求教师将朗读评价以更易于学生理解与接受的形式进行传达。

小学年龄阶段的学生通常还处于以自我为中心的发展过程中，批判性过于强烈的朗读评价一般难以被他们接受，这也就要求教师在评价时，既要保证评价内容的公正客观性、评价激励与导向功能的完整性，又要保证以学生所能接受的方式将评价有效地传达给他们。

1.评价方式趣味化

很多教师在进行朗读评价时，主要只是针对学生的朗读进行是非对错的点评，而没有注意到自己的表达方式、评价方式会不会让学生难以接受甚至产生抵触，这种不当的评价方式不仅达不到促进的作用，还有可能浇熄学生学习兴趣的火苗，起到反作用。因此，要进行有效的朗读评价，就需要教师对朗读评价方式多多探索，发掘更多有趣的、易于学生接受的评价方式。

（1）赏识评价。赏识性评价是教师充分发掘学生的优点，并利用这些优点进行评价，达到长善救失的效果，让学生能够依靠积极因素克服消极因素，从而使朗读评价发挥积极作用的评价。

尤其是在对小学低段学生进行朗读教学时，很多学生由于胆子小、之前未接触过朗读、不敢在众人面前展示自我等因素，容易在朗读时声音小、磕磕巴巴、缺字漏字等。面对这个类型的学生，单一的评价显然产生不了多大作用，教师要根据学生具体情况，以发展与欣赏的眼光来肯定与激励他们，给予其足够的勇气与自信心，这样才能从根源上解决学生的问题，做到有效评价。

例如，在学生磕磕巴巴地朗读时，教师可以耐心鼓励，读完之后教师可以让其他同学掌声鼓励并这样进行评价，"这位同学太棒了！这么难的文章都能够坚持朗读下来，这一点值得大家学习！如果能再好好练习几分钟我相信他一定能读得更加流畅、更加完美！"这样巧妙地换个角度进行评价，能够增强学生的自信心，再进行适当的建议，既能使被夸奖的学生热情骤增，又能有效地指出其不足，提出改进建议，做到高效评价。

（2）诱导评价。这种评价方法不是直接性地进行点评，而是让学生自主地对自身朗读进行评价，从而发现其中不足。最常见的方法就是在一位同学朗读完之后，教师再让另一名同学进行朗读，让学生自己投票觉得谁读得好，借学生之口，进行客观评价。

例如，在一位学生朗读出现添字漏字现象，对文章处理有明显错误时，教师还是一味地夸奖"读得好、好厉害！"无疑是不负责任的表现，此时教师就可以采取"另请高明"的方式，请另一位朗读较好的学生对相同内容再次进行朗读，在其朗读完成之后教师再问其他学生"喜欢谁的朗读？为什么？"等问题，通过这些问题巧妙地诱导学生自己进行朗读评价，使朗读活动能从学生中来，到学生中去。这样引而不发的评价方式不仅能巧妙地诱导出"群众"的朗读评价，还能激发学生的好胜心，并利用学生这种心理促使其改进自己的朗读，得到朗读能力的提升。

（3）个性评价。个性评价是建立在学生个体差异上的朗读评价方式，这种评价要求教师充分站在学生的角度上进行评价，理解学生的个人感受并鼓励学生自我理解。这种评价方式不仅有利于学生朗读能力的提升，还有利于培养学生的创新思维与发散思维。

例如，在进行古诗句"秦时明月汉时关，万里长征人未还"的教学时，有学生说他体会到句子中战士因战争而无法归家的怨恨，所以在朗读时，他融入了这种愤懑的情感；有学生说他体会到句子中战士因长时间征战沙场，无法回家，对家乡、对亲人充满思念，所以他在朗读时将这句话读得较为悲凉；有学生说这句话让他体会到战争的残酷、战士与百姓的苦难，因此他将这种对战争的愤恨与对战士、对百姓的同情融入句子中进行朗读……对这些基于不同理解进行的朗读的评价，教师应该——斟酌，施以个性化朗读评价，而不仅是单一地评价对错优劣，这样才能有效地发挥学生潜能，增强其自信，使其取得进步。

（4）打分评价。打分评价，顾名思义，就是教师将学生的朗读以分数的形式进行划分的评价，使学生能具体感知到自己的朗读处于哪种水平。这种评价需要保证打分的客观性与公正性，教师需提前制定出分数对应的标准与依据，以此保证朗读训练在合理有效中长远发展。

根据教学阶段的不同，教师可以设计以下三种评价表格，对学生的阶段性朗读以及朗读成长过程进行有效的规范性评价。

首先是个人朗读评价，即教师在学生个人朗读完成之后，对学生在整个朗读过程中的表现打分评价。具体从学生朗读中在字音、表达、技巧以及情感四个方面的表现进行打分并提出建议，让学生能够清楚地通过打分表格认识到自己朗读的不足之处，结合教师所给出的建议进行改进，从而做到有目的地评价，更好地发挥评价的作用。可以根据表5-4所示对个人朗读评价打分表进行设计。

表5-4 个人朗读评价表

朗读者：	打分者：	时间：		总分：
朗读训练内容：				
标准	分值	评分细则		得分
字音	2	字音全部正确得 2 分； 字音有少量错误得 1 分； 字音有较多错误得 0 分		
表达	2	表达流畅自然、生动形象得 2 分； 表达流畅、略显僵硬得 1 分； 表达不完整、结巴、僵硬得 0 分		
技巧	3	熟练掌握发音、停连、重音、节奏得 3 分； 在发音、停连、重音、节奏上个别失误得 2 分； 勉强运用发音、停连、重音、节奏技巧得 1 分； 不会运用发音、停连、重音、节奏技巧得 0 分		
情感	3	情感丰富、感染力强得 3 分； 情感一般、有感染力得 2 分； 情感较弱、感染力弱得 1 分； 毫无情感、不惧感染力得 0 分		
合计	10			
打分者提出相关建议：				

其次是个人朗读成长评价。个人朗读成长评价是在个人朗读评价的基础之上，教师将学生作为主体，进行长期观察，对学生的每一次朗读效果进行记录，总结出学生朗读水平发展趋势并进行评价打分。这种评价方式可以使教师从宏观上看到学生在朗读学习中的成长趋势与学生朗读中的薄弱点，并在之后的教学中有针对性地进行克服，让学生在朗读训练中得到成长与收获，给予学生可视化的朗读成果。教师可以结合表5-5对学生个人朗读成长评价表进行设计。

表5-5　个人朗读成长评价表

朗读者：	打分者：	班级：	学期：
朗读训练内容	时间	得分	优缺点
1.			
2.			
3.			
……			

最后是班级朗读评价。不同于以上两种评价方式，班级朗读评价是以班级为单位进行朗读评价打分，将班级中的每一位成员的每一次朗读与评价打分情况都记录上去。这样不仅能看到每一位同学的成长趋势，还能看到整个班级的总体发展趋势，使教师能根据班级的学习情况对教学设计以及教学目标进行适当调整，使朗读教学更适用于班级学生。这种评价具有一定的时效性与适用性。教师可以根据表5-6对班级朗读评价表进行设计。

表5-6　班级朗读评价表

班级：		教师：		学期：								
姓名												
得分												
训练内容												

在小学语文朗读教学实践中，教师需要灵活运用这三种评价方式，可进行适当改善，使之适用于自己班级，此外，还需将这三种评价方式进行结合使用，使对学生的朗读评价更加科学化、规范化，更清晰明了地看到个别学生以及班级整体的发展状况，及时进行教学调整，帮助学生更有效地提升朗读水平。

除了以上几种评价方式，教师还可以根据文本、学生以及自身教学情况探索朗读评价方式，这样才能将评价更好地融入教学中，让评价更好地发挥作用。需要注意的是，不论运用什么样的评价方式，评价都应在准确可观的基础之上，尽可能生动丰富，带有趣味性，这也是调动学生兴趣的好办法。

2. 评价用语趣味化

趣味性无疑是小学阶段教学中最能吸引学生的方法，因此将趣味性与教学融合也是提升教学效果的一种有效方法。在小学语文朗读评价中，教师除了可以将评价方式趣味化，还可以对自身评价用语进行趣味化包装，使其以学生所喜欢的形式展现在学生面前，并有效地作用于学生。

（1）形象化。在皮亚杰的认知发展理论中，小学阶段 6～7 岁的学生处于前运算阶段。皮亚杰认为此阶段学生能运用语言或抽象符号对经历进行概括，但此阶段的儿童不能很好地掌握整体和部分的关系，存在自我中心的特点，形象思维较强，而逻辑思维较弱；小学阶段 7～12 岁的学生处于具体运算阶段，这一阶段的学生通常已具有守恒性，拥有较为复杂且具体的逻辑思维，但还仍未成熟。因此，在小学阶段朗读评价中教师应根据其年龄特点，尽可能地将评价形象化，使其更易于学生感知。这种评价通常多用间接性评价用语，这种间接性形象化的评价用语不仅能让学生更易于理解，还能在一定程度上增添评价的趣味性。

例如，在进行人教版小学语文五年级下册课文《祖父的园子》教学时，教师可以安排以下教学评价环节。

学生：蜜蜂则嗡嗡地飞着，满身绒毛，落到一朵花上，胖乎乎，圆滚滚，就像一个小毛球似的不动了。（整句话语速较快，在读"不动了"时语速变慢）

师：你的这只小蜜蜂好可爱！我从声音中就能"看"出蜜蜂辛勤的样子来。这段没有具体写蝴蝶飞行的样子，这可给了我们想象的空间，可要从你的朗读中让我们"看"出来！

生：蝴——蝶——（声音轻盈，像蝴蝶飞舞一样）

师：好厉害！跳来跳去的蚂蚱呢？

生：蚂——蚱——（字尾拖音过长）

师：这个蚂蚱像一只肥胖的蚂蚱，身子有点沉重呀！

生：蚂——蚱！（"蚱"字带有重音）

师：这个蚂蚱跳得很快，就是落地有点重了。

生：蚂蚱！（干脆利落）

师：这才是我们最常见到的蚂蚱！原来这些小昆虫飞行的样子都不同，真的是"样样都有"啊！

在以上教学片段中，教师耐心地对学生的朗读进行引导，将评价用语形象化，像"这只小蜜蜂好可爱""这个蚂蚱像一只肥胖的蚂蚱""落地有点重"等语言将学生的朗读进行形象的描绘，不仅语言新颖，具有趣味性，还能以这种语言刺激学生的想象性思维，使其能具体地感受到自身朗读的不足之处，促进其朗读技巧的正确使用。

（2）幽默化。在埃里克森的心理社会发展理论中，小学阶段学生处于勤奋感与自卑感的矛盾冲突阶段当中。这也就表明小学阶段学生极易产生勤奋感与自卑感，当其通过教师的评价获得成就感时，就会相应地产生勤奋感，对学习充满热情，更加努力；相反，学生如果因教师评价而受到打击，那么就极易产生自卑感，导致学习热情减退，长此以往会使学生处于消极心理状态产生厌学情绪。

因此，教师的朗读评价对学生有着莫大的影响，这也就要求教师对自己的评价用语谨慎斟酌，使其既具有教育意义，又不会打击到学生的自信心，将评价用语幽默化是有效途径之一。

例如，在课文《爱如茉莉》的朗读教学中，针对学生出现的问题，教师可以进行幽默化评价。

师：谁来试一试？（一学生朗读，声音小且弱，含糊不清）

师：你像重病在身的人了。（生会心地笑了）

师：最难读的是作者走进病房的那一幕，大家自己练习一下。（生练读）

师：谁愿意读？（一学生读，读得正确、流利）

师：这一段的第一句要读得实实在在，后面的声音放轻，速度放慢，为什么要放轻、放慢？

生：在病房中保持安静，害怕惊醒了他们。

师：对！可不能破坏了病房里的安静氛围呀！来大家一起感受一下这种氛围。（全班学生练读，语气轻，节奏慢）

第一位学生在朗读时，出现了朗读声音不到位、语气不到位等朗读错误，但教师并没有直接点破并批判该学生的错误，而是调侃该学生像"重病在身的人"，在玩笑中精准地指出学生朗读的误区所在，此时学生"会心地笑"也说明了其通过教师的点评认识到了自己的错误，这"笑"也意味着学生并没有受到打击，说明教师的朗读评价具有有效性。

需要注意的是将评价语句幽默化处理需要教师根据文本情境以及学生情况进行综合分析，并以此为出发点灵活地运用，这样才能在保证不打击到学生自信心的同时最大限度地拓展学生进步空间。

总之，教师应灵活运用多种方式让整个教学过程变得具有趣味性，这是吸引学生注意力、激发学生兴趣、提高学生积极性的重要手段，也是师生之间有效沟通的桥梁，具有增进师生感情、拉近师生距离的作用，可以此营造和谐欢乐的教学氛围，从而达到更好的教学效果。

第五节　反思朗读教学效果

一、朗读教学反思的作用

教学反思是教师对教学活动进行回顾与总结，并产生思考与得到自我提升的过程。教学反思不仅有利于教师提高认识，还有利于教师对知识与教学进行优化。养成每次教学之后都进行相应的教学反思的习惯可以使教师在发展中逐步形成自己的教学风格，有利于教师对课堂与学生进行把控。

（一）有利于教师提高认识

在小学语文朗读教学中，教师的身份既是实践者又是思想者。在一堂完整的教学课程中，教师所需要考虑的不仅是课堂上的教学实践，还应包括教学前的教学设计和教学后的教学效果反思，《义务教育语文课程标准》（2022 年版）也对教师的教学反思环节进行了强调。这就要求教师转变教学理念，不要将一堂课的结束作为教学的终点，而应在课后也积极进行对这堂课的回顾与反思，思考在教学过程中出现了什么样的问题，自己在这堂课中有什么样的感悟、有何得失，这堂课为以后的教学提供了什么样的新思路……通过这些反思正确认识到自己教学中的长处与不足，也为以后的教学改进奠定基础。除此之外，教师应将教学反思视作教学中不可分割的重要部分，在一堂课结束后自觉地对其进行深入、客观、透彻的反思，最终做到在反思中进步。这种反思在一定意义上是教师对自身教学活动由感性认知上升到理性认知的重要条件之一。教师通过对教学实践的反思，看到自己在教学观念、教学模式以及教学效果等方面的表现，以第三视角客观清醒地进行反思，帮助自己客观地认识教学活动中的种种情况，更加清醒理智地看待自己的专业水平，这样才能更好地吸取教学经验与教训，使自己对自身教学的认识由主观感性变为客观理性，从而由"一般型"教师逐步成长为"骨干型"教师，教学水平不断提升。

（二）有利于教师知识的优化

在朗读教学过程中，教学反思与朗读评价有着相似的作用，教学反思也是教师对自己教学的一种评价方式，只不过朗读评价的作用对象是学生，而教学反思的作用对象是教师自己。教师要想了解所制定的教学目标能否实现、是否具有适用性、在教学设计中有何优缺点，学生反馈情况如何等问题，通常只有在教学实践结束之后才能得到答案。因此，在教学完成之后，及时地进行教学反思也能够丰富教师的专业知识，促进教师在反思中改进，对下一阶段教学任务进行调整，增加其针对性与实效性，使下一阶段的教学能够更加完善，更加符合教材和学生的实际水平，更易被学生接受。除此之外，根据教学效果进行教学反思也是教师的一种自我诊断，这种自我诊断不仅对教师的专业水平具有促进作用，还会对教师的个人成长、自我认知等产生重要影响。因此，在一定程度上，教学反思也是教师走向更高水平发展道路、取得成功的起点。教师应将教学反思贯穿于教学活动的始末，进行多角度、多层次的观察与分析，并对不足之处进行调整、改正，使整个教学能够不断优化。

（三）有利于教师独特风格的养成

每个人都有自己的个性特点，这也决定了每位教师都有自己独特的教学风格。由于思维方式的不同，教师思考问题与解决问题的方式、能力也会有所不同。因此，可能会出现别的教师运用这种教学模式进行教学就收获了很好的教学效果，但是自己进行模仿教学就收效甚微的情况，这就要求教师的教学有自己的风格，找到适合自己的教学模式，这也就体现出教学反思的重要性。教师通过对自己在课堂教学实践中发现的问题进行深入分析、思考与总结，最终找到解决问题的方法，并将其用于下一次的教学实践中去。这种反思具有极大的特殊性，也是不可替代的个性化过程。正因如此，在长期反复地循环这一过程后，教师自然会形成一种独特的教学风格。这是一个由量变到质变的渐变过程，在此过程中，教师需要长期不断地坚持进行教学反思，这样才能积累足够的"量变"，最终形成自己的教学风格，达到成长为骨干型、专家型教师的"质变"。

（四）有利于对学生与课堂的把控

教师对学生与课堂的把控在教学实践中发挥着重要的作用。教师把控能力不到位，课堂失控、学生学习失去方向、学生学习消极退步等情况就会出现。因此，教师应经常对教学活动中自己对学生、对课堂的把控情况进行反思，这有利于教师认识到自己应该如何掌握把控的度，并在不断实践中逐渐熟练，促进形成良好的课堂氛围，帮助学生更好地学习。

教师进行教学反思的最终目的是达到更高的专业水平，以更好地帮助学生学习。因此，教师应时刻秉持反思的态度，且需要保持客观公正的态度进行反思，这样才能更好地吸取教学经验与教训，得到自身教学能力的提升。其中，最重要的是时刻坚持反思的教育思想，养成良好习惯，认真对待教学问题，这是决定教师能否成长为专家型、学者型教师的必要条件。同时，教师必须要将在反思中得到的新思想、新理念有效地运用到教学实践中去，用实践来检验其可行度，将实践与反思相结合，只有这样才能筛选出真正行之有效的反思成果，让能力得到真正的提升。

（五）对教师专业水平的反思

教师是教学活动的开展者，教师的知识与技能是教学活动开展的基础，教师要想将学生教好，自身必须要有丰富的知识技能储备。如果教师本身就不具备朗读相关的知识与技能，那么自然没办法教好学生，不能达到教学效果以及教学目标。因此，对教师来说，先从自身反思，提升教学水平是必要的，这也就要求教师经常性对自身知识与技能进行有效反思，可以通过对名师教学的学习进行反思。

教师对自己朗读知识技能的反思应以优秀典范为榜样，进行对标反思，这样才能有目的地进行改进，而不是盲目地想到哪里就改进哪里，这样不仅进步慢，还会使自己陷入无数问题不知从何下手的窘境。而对标名师教学反思自我可以避免这种问题的出现，并且能准确找出自身痛点。

观看名师课堂实录就是一种有效的从名师教学中反思的途径。教师可以在课余时间自己搜索观看那些优秀的小学语文朗读教学课堂视频，如王红梅的《雪地里的小画家》、薛法根的《风娃娃》、王崧舟的《去年的树》等。这种通过视频形式观摩名师的教学方式以及教学手段的运用的方法有助于教师直观地感受到名师的教学风格，通过对其在教学中的一言一行的研究，思考其是如何一步一步地将知识在教师、教材以及学生之间传递的，从而反思自我，在接下来的教学中加以模仿学习，这样便可逐渐融会贯通，逐渐掌握教学技巧，形成一套属于自己的高效教学体系。由于可以搜索到的名师教学视频有很多，名师的教学风格也有很大差异，教师可以取其精华，在反思与探究中找到适合自己的课堂风格。

此外，教师还可以通过阅读名师发表的提高教学水平的作品进行自我反思。不同于名师教学视频，这类作品往往会将大众教师的通病以及教学误区整理出来，教师在阅读中可以直接将其对应到自己身上进行反思，有则改之，无则加勉，从而更高效快速地找到问题并加以解决。这类作品中通常还有相关名师对于教学的建议，教师也可以加以借鉴，由此改进自己的教学，使教学水平得到提升。但这类作品往往具有概括性，无法帮助教师针对自身找出所有教学问题以及能力缺失，所以教师仍然需要通过观看名师教学视频等方法进行准确对标，从而进行反思与改进。

进行反思是审视自身教学水平的局限性，探究如何改进，开阔自己的视野，拓展教育教学思维的过程。教师只有具有了这种虚心学习与请教、反思自我的精神，才算真正获取了教育之道，教学水平与能力的提升指日可待。

二、对朗读教学内容的反思

对朗读教学内容的反思分为教学前的反思、教学中的反思、教学后的反思。

首先，教学前的反思为教师明确朗读教学的教学目标是培养学生朗读能力，并将其具体地划分到每节课的朗读教学实践中去，判断学生的学习情况是否能够达到相应教学目标的反思。对朗读教学内容的反思包括本次朗读教学传授给学生什么知识、教学的重难点有哪些、朗读教学的内容是否与学生相适应、教学设计如何进行等。

其次，教学中的反思是教师在教学过程中，对学生反映情况的反思，从而能够对教学计划适时地进行调整以适应当下课堂与学生。这就要求教师及时反思，全身心投入教学活动中，及时捕捉学生的反馈信息，并能够根据反思内容与反馈信息随机应变，灵活地进行调整。

例如，在进行《九月九日忆山东兄弟》的朗读教学时，教师采取抽读的方式，发现学生对古诗的朗读把握都不是很到位，这时教师应果断采取范读方式，给学生做出示范。

教学中的反思是使当下教学活动更适用于当下学生状况的有效手段，也是对以后教学活动的启示与推进，是教学反思中必不可少的内容。

最后，教学后的反思就是教学工作结束之后教师对于整个教学的思考与分析，这种反思是教师纵观整体教学，对教学内容、教学过程以及教学反馈进行的全局分析。

三、对朗读教学效果的反思

教师要依据教学效果与学生朗读学习的心理特点，对选用的教学方法进行反思。

第一，教师在选取教学方法时要具有相对性。任何一种教学方法都是既有优点，又有缺点的，朗读教学方法也不例外，根本不存在绝对好的方法或绝对坏的方法。正如巴班斯基所说的，每种教学方法就其本质来说，都是相对辩证的，它们都既有优点又有缺点，每种方法都可能有效地解决某些问题，而解决另一些问题则无效，每种方法都可能会有助于达到某种目的，可能会妨碍达到另一些目的。

第二，教师在选取教学方法时要具有针对性。教师在进行教学时，要针对不同对象及其特点、不同的目的和要求，采取不同的态度，选择不同的教学方法。一般说来，教师往往会使用那些掌握得比较好的教学方法。教师对教学方法掌握得越多，就越能找出适合特定情况的教学方法。同时教学设备的多样化、现代化也为教学方法的选择提供了可能。

第三，教师在选取教学方法时要具有综合性。教学方法是教师教的方法和学生学的方法的综合体。教师教的方法在于示范、启发、训练和辅导；学生学的方法在于观察、仿效、运用和创造。

第四，教师在选择教学方法时要具有多样性。朗读教学的内容、目的呈现出的多样性决定了朗读教学方法的多样化，如讲授法、提问法、讨论法、演示法、研究法、观察法、练习法、复习法、独立作业法、欣赏教学法、愉快教学法、成功教学法等。朗读教学方法的多样化是朗读教学改革的必然趋势，是朗读教育科学化、现代化的必然要求。

四、对朗读教学评价的反思

朗读评价是朗读教学的收尾环节也是重要环节。优秀的教师善于利用评价激发学生朗读兴趣、改进学生朗读水平。教师对于自身朗读评价的反思可以在一定程度上促进学生朗读能力的提升，从而影响整个朗读教学的效果。因此，在教学完成后教师进行反思时要尤为注意对朗读评价的反思。

（一）恰当选择评价时机

在进行对学生的朗读评价时，教师应注意评价时机的选择，在恰当的时机进行评价可以在尊重学生的同时充分发挥评价作用，过早或过晚的评价都不利于其发挥作用。在朗读教学过程中，教师过早进行评价往往会打断学生的朗读，中断学生的朗读思路，不利于学生朗读情感的酝酿，这不仅会限制学生的思维发展空间，还会让学生感到不被尊重，影响师生关系。相反地，教师评价过晚，就失去了评价的即时效益，小学年龄阶段的学生调节、控制自己思维过程的能力较差，一旦离开了当时的情境就很难回去，这也会导致评价无法发挥作用，学生也会更难感受到评价的激励作用，得不到教益。教师只有在学生朗读完成后，选择合适的时机及时进行评价，才能使评价内容更加全面中肯，真正发挥出评价的作用，让学生在评价中得到朗读水平的提升。

（二）评价内容全面化

教学过程是一个促进学生"知情意行"全面发展的过程，因此评价的角度与内容也不应该是单一的，这要求教师能够从多角度出发，关注学生发展的各个方面，并以此为出发点对学生的朗读进行全面性评价。例如，学生朗读时读错了字，但在教师多次引导之下正确完成了朗读。在进行评价时，教师不仅要提醒学生注意加强对字词的朗读训练，还应对学生锲而不舍的学习精神进行表扬，这种恰如其分的评价在指出学生不足之处的同时对其优点进行嘉奖，让学生认识到自己的缺点，但不会受到打击，因此能发挥出评价的激励作用。

（三）评价方法多样化

许多教师在进行朗读评价时所采取的方法通常都是教师评价，这种单一的评价方法会让学生感到枯燥乏味，从而逐渐失去评价的作用。因此，教师需不断挖掘新的评价方式，如学生互评、学生自评、比较评价等方法，将其灵活地运用到朗读教学活动中，根据不同的对象、不同的文章以及不同的情境选取合适的评价方式，这样才能有效提升评价的适用性，让评价更易于被学生理解与接受，更好地促进学生智力的发展和情感的升华。

（四）评价语言艺术化

评价用语会给学生留下直观、具体的感受，因此教师要充分把握评价语言的艺术性。好的评价是学生对评价不产生排斥心理的评价，这也是评价产生作用的基础。许多教师在对学生进行朗读评价时容易走进"夸奖就是激励"的误区，无论学生读得怎么样，上来就是一顿夸奖，这种虚情假意、言不由衷的评价不仅不会起到真正的激励作用，还会导致学生逐渐失去兴趣甚至产生抗拒心理等。

这也就要求教师认识到优质的朗读评价用语一定具有鼓励性、针对性以及结合情境这三大特征。

第六章　小学语文中不同文体的朗读教学案例

第一节　诗歌类的朗读教学

一、诗歌类文本朗读的特点

朗读是一种口头语言的艺术，是一种以创造性思想将文本中语气还原，使无声的书面语言变成生动形象的有声语言的创作活动。诗歌类文本朗读具有音声性、规范性、文学性、综合性、创作性、欣赏性、号召性等特点。

（一）音声性

音声性是诗歌类文本朗读最重要的一个特点，是一种能让朗读声音具有音乐之韵律和动感的特性。要使诗歌类文本朗读具备音声性，就需使朗读成为传情达意的再创作过程，成为一种"成于外而化乎内"的统一性的表露。音声性能够使朗读呈现作者感情，强化诗歌类文本中的情绪，达到听者听后而情动的效果。

（二）规范性

规范性主要表现在诗歌类文本朗读时的语言应用和文字表达上。通常来说，诗歌类文本的朗读要求选择规范的文字作品，朗读者在朗读前需静心思考原作者的思想情感与原作情境，在朗读时使用普通话，做到吐字清晰、字音圆润、情绪饱满、行为规范。

（三）文学性

由于诗歌类文本本身具有一定的文学性，对其的朗读不同于日常说话，朗读者应在朗读过程中体现作品的文学性。人们的日常对话常常涉及多种话题，在说话时状态轻松，思维不拘于是连续的、片段式的、跳跃的，还是完整的，能满足思想交流的目的即可。但诗歌类文本在朗读时需要保持与诗歌文本内容、意境相符的情绪状态和行为状态，以演绎的方式将文本内容呈现在听众面前，朗读时应用连续、完整的思维，并且能够用情绪饱满、生动形象的朗读带动听众的思维随着朗读内容的改变而变化。

（四）综合性

诗歌类文本的朗读不仅对文本本身有较高的艺术性和文学性要求，还对朗读者对诗歌内容的感受力和理解力、有声语言的表现力、内容演绎的感染力等有很高的要求，同时要求舞美、配乐、灯光等多种因素与之完美配合，共同创造理想的艺术效果，所以说诗歌类文本的朗读具有综合性特点。

（五）创作性

诗歌类文本在朗读时往往需要朗读者先对作品有深入的理解，感受原作品营造的情境，体会原作者的思想和情感变化，感受隐藏在原作品文字之外的内容和内涵，并在朗读时将自己对原作品的理解和自己的思想情感加入演绎中，以此对诗歌朗读进行二次创作，以自己的方式对诗歌朗读进行更富有情感和个性特点的诠释，实现对诗歌类文本的完美朗诵。

（六）欣赏性

诗歌类文本朗读通常于各类文艺晚会、朗诵会等演出活动中进行，以富于变化、易于理解、长于抒情等特点为大家所喜爱，具有一定的欣赏性。

（七）号召性

诗歌朗诵有着强烈的情感，有着广泛的受众群，适合在群众中间进行；另外，朗诵选材也往往具有行动性和鼓舞性，最易引起群众的共鸣，能够引导人们树立正确的价值观和人生观，净化人的心灵，陶冶人的情操的诗歌。

二、诗歌类文本朗读教学案例

以诗歌《欢庆》的教学片段为例。

教学内容：

《欢庆》这首诗歌描绘了祖国母亲生日时举国欢庆的景象。作者多用拟人手法进行描写，对田野、枫林、蓝天、大海的描写意为此时的万事万物都呈现出一片祥和、喜庆的氛围，共同构成了天地间万物共庆佳节的和谐画面。

教学目标：

认识 7 个生字，理解国庆节的重大意义。

正确、流利、有感情地朗读课文，读出喜庆、欢乐的气氛。背诵全文。加深对祖国的热爱之情。

教学实践环节：

教师进行课前知识点导入。

师：同学们，大家知道 10 月 1 日这一天是什么日子吗？

生：国庆节。

师：对，国庆节，有哪位同学知道这一天为什么被叫作国庆节吗？

生：这一天是祖国母亲的生日。

师：是的，1949 年 10 月 1 日是中华人民共和国成立的日子，在这一天，整个中华大地沸腾起来，万众欢呼，礼炮齐鸣，伴随着《义勇军进行曲》的旋律，五星红旗冉冉升起，中国人民从此站起来了！这一天是无数革命先烈赴汤蹈火、浴血奋战为我们创造的，所以说 10 月 1 日是祖国母亲的生日，每年的 10 月 1 日都是值得纪念和欢庆的。在每年的这一天中，大家都会做什么呢？

生：（回答）

师：今天我们来学习一篇描写为祖国母亲庆生情景的诗歌《欢庆》，通过学习这首诗歌，同学们一起了解一下别人是怎么为祖国母亲庆生的。老师先带领大家认识一下今天新学习的字词，大家跟我一起读，田野、献上、枫林、旗帜……

生：（逐个词语跟读）

师：认识了这些字后，哪些同学想尝试有感情地朗读一遍？然后大家对比评价一下，找出每位同学在朗读过程中表现好的地方。大家积极踊跃举手吧。

生：（举手朗读）

师：同学们都很积极，朗读时的情绪都很饱满，情感都很到位，大家对比评价一下，这两位同学表现得好的地方有哪些呢？

生：（选择回答）

师：大家找的地方都很准确，接下来老师要教给大家一个朗读小技巧，可以使朗读时表现出饱满的情感。在朗读的时候，我们可以先在脑海里想象文章中的内容，浮现相关的画面，同时自己体会文章的感情，将这些融入文章中，就可以做到有感情地朗读了。以《欢庆》这首诗歌为例，在阅读的时候，同学们可以在脑海里想象欢度国庆节的情境，大家一起想象秋天广袤的田野、金黄的果实、火红的枫叶还有天空、鸽子、大海。老师先来为大家进行朗读示范，大家学习一下好不好？

生：好。

师：（示范朗读）

师：同学们学会了吗？自己也试着一边想象一边朗读吧，读的时候要表现出为祖国母亲庆生的喜悦，开始尝试吧。

生：（自由朗读）

师：老师发现同学们的朗读都非常有感情，非常认真，我们给自己鼓鼓掌！

生（鼓掌）

师：我们已经读了很多遍这首诗歌了，哪位同学可以讲一讲诗歌里是怎样为祖国母亲庆生的呢？

生：（回答）

师：在这首诗歌中我们可以看到10月1日这一天，从田野到枫林，从蓝天到大海，无论是首都北京，还是任何地方，全国都在欢度国庆。除了这首诗歌中庆祝国庆节的方式，你还知道哪些庆祝方式？

生1：放假，阅兵。

生2：升国旗，奏国歌。

生3：挂红色的灯笼。

…………

师：同学们都很棒，同学们知道这么多为祖国母亲过生日的方式，那么，你们有哪些祝福要送给祖国母亲呢？

生1：祝祖国母亲生日快乐。

生2：世界和平。

生3：祝祖国母亲繁荣昌盛。

…………

三、诗歌类文本朗读教学案例分析

对上述整个教学过程进行分析，可以发现以下优点。

（一）有效引导，探究文本

首先，教师在课程刚开始时，以10月1日这个特殊的日子引入，说明10月1日是国庆节，再通过介绍国庆节的诞生、国庆节的历史意义以及庆祝国庆节的原因帮助学生理解国庆节对于中华民族的重要性，强化学生的爱国思想，同时引起学生对教学内容的关注。

其次，为了帮助学生无障碍阅读，将学习生字的教学目标融入教学，教师先带领学生阅读生字词，在学生认识了新字词后，鼓励学生有感情地朗读文本内容。在表达对学生阅读效果的认可后，教师带领其余学生对比评价两种不同的阅读效果。在对比两种评价效果后，教师通过向学生介绍充满感情朗读的小技巧并以示范朗读的方式引导学生学会结合想象，将自己的情绪带入朗读中，之后再通过组织学生自由朗读达到让学生有感情朗读诗歌的目的。在此过程中，学生的学习与思考会逐渐深入，从而不断加深自己对所学内容的了解。

再次，教师组织学生结合想象阅读诗歌。学生读完后，对诗歌的内容已经有了一定的了解。这时，教师先以掌声鼓励学生的进步，再带领学生对诗歌文本的内容进行深入剖析。教师先带领学生对文本中庆祝国庆节的方式进行分析，再带领学生找出生活中欢庆国庆节的方式，拉近学生与文章的距离。

最后，教师联系现实生活，引导学生将思路脱离文本，仔细思考回顾生活中人们欢度国庆的方式，强化学生对教学内容的理解，之后，教师又带领学生祝福祖国，在加强对学生爱国思想教育的同时，升华教学内容。

（二）拓展多样朗读方式，发挥学生想象力

小学语文教材中的诗歌通常短小精悍，具有较强的节奏感、和谐的韵律，读起来朗朗上口。在上述教学案例中，教师在朗读教学环节开头就运用了比赛读的朗读方式，将朗读课堂变成了具有竞争性的课堂游戏，原本平静如水的朗读课堂立即变得活跃起来，这不仅有助于培养学生的朗读兴趣，还能极大地活

跃朗读教学氛围。朗读比赛对于小学生来说是一个向同学和教师展现自身才华的好机会，教师正是考虑到小学生的这种心理特征，才通过举办这种朗读比赛的方式激发学生的朗读兴趣。朗读比赛结束后的教师评价与学生评价可以帮助比赛的学生更清晰地了解自身的优势与劣势，有助于提升他们的朗读技能。之后，教师又运用了自由朗读的朗读方式，让学生根据自己的兴趣爱好选择适合自己的朗读方式，进而更容易感知诗歌的深厚意向，并与诗歌作者产生一种感同身受的共鸣。

第二节　散文类的朗读教学

一、散文类文本朗读概述

（一）散文类文本特点

散文也是小学语文教学中常见的文本类型之一，根据"散文"这一名字就能得知此类文本取材较为自由，且时间与内容具有跳跃性，不受限制，其写作内容与手法也不拘一格。总之，散文是一种自由性较高且内容结构可以随意调整、自由变化的文本类型。根据内容的不同又可以分为叙事性散文、抒情性散文、哲理性散文三种。

叙事性散文又称记叙散文，即以叙事为主的散文类型。这种文本类型对叙事情节的完整性一般不做要求，但具有集中性的特点，通过叙事所表现的情渗透全文。时间、地点、人物、事件等元素构成文章脉络结构并内含作者情感。

抒情性散文又称写景散文，托物言志、寓情于景、借景抒情等手法最常见与此类散文中，作者通常通过描绘景物抒发其对现实生活的感受与想法。散文通常没有贯穿全篇的情节，其重点就在于思想感情的抒发。

哲理性散文的主要内容为哲理性思考与对道理的感悟，这种散文往往需要细细品味才能感受到其中的美。

不论是哪一种散文，都大体有着散文所共有的特点。

1.形散神聚

"形散"就是前文所说的散文取材的广泛、写作手法的自由、内容的开放等，而"神聚"中的"神"就是散文的立意，即文章的主旨。形散神聚是散文的最主要特点。一篇文章，即使取材再广泛，再不拘一格，都需要作者表达主要的思想情感内容，否则文章就失去了其应有的价值。因此，散文的主旨就像一根贯穿文章的"线"，文章的所有内容都需要围绕这根线展开，这样才能让文章具有灵魂，保证整篇文章的表达有序，更使文章具有深刻意义与价值。这就像是飞在天上的风筝，只有抓住放风筝的线，也就是散文的中心思想，才能正确把握风筝飞的方向，把握文章的情感态度与价值观表达。

2. 意境深邃

散文与诗歌一样都有着浓烈的抒情气息，韵律虽不如诗歌那样整齐，但也称得上优美悦耳、回味无穷。一般来说，散文都是作者对语句进行凝练，以生动优美的文学语言打造出深邃意境的文章，其内容可以是写景、写人、状物、叙事……作者通过丰富的想象，由此及彼、由表及里地开拓深远意境，揭示所写事物的本质，其语言一般也较为优美，多数散文的行文如涓涓流水将作者的所闻所感娓娓道来，使文章更具有真实性，且情真意切。

3. 取材广泛

散文的领域相较于其他文体来说具有广泛性，作者既可以通过散文来描绘景物，又可以抒发情感、叙述事件、探讨议论……总之，作者写作时可以展开无限的想象，不受文体、篇幅、表达手法等的局限，取材也广泛自由，天地万物，只要作者想到的都可以加入文章中，这也最大程度上帮助作者更自由地表达自己的思想情感。正是散文不拘一格的写作要求造就了其深邃的意境。作者可以将无限的想象与任意的写作手法相结合，为文章创造出深远的思想以及道理。

总之，要想教会学生如何朗读散文，先要让学生明确散文的这些特点，尤其是领会散文的"形散神聚"，在朗读时抓住"神"，也就抓住了整篇文章。这就要求学生必须深刻理解作者心中的那根"线"，以此为着眼点进行文章解读。

（二）散文类文本朗读的特点

1. 艺术性

不同的朗读内容对声音的使用提出了不同的要求。散文感情比较丰富，所以朗读时要通过节奏和语气的转变，体现出相应的情感。这就要求朗读者不断练习，不断提升朗读时语言的感染力和表现力。

2. 创作性

在散文朗读过程中，朗读者不仅需要深层次理解作品，还要以此为基础，探索隐藏在文字之外的意思。文字作品的呈现方式主要是文字，所以无法真切地通过语气体现出来，这就需要朗读者运用一些有声语言表达技巧进行创作。另外，朗读者的有声语言表达本身就是创作的过程，运用恰到好处的表达技巧、优美舒适的声音，能够为文字作品增色添彩，使朗读成为一项具有创造性的活动。

二、散文类文本朗读教学案例

（一）《荷花》教学案例

教学内容：

《荷花》是一篇文质兼美的散文，讲述了作者在公园中欣赏美丽荷花情景的感受，抒发了作者对大自然的喜爱与赞美之情。

教学目标：

会认读 3 个生字，会写 12 个生字；可以准确读写"荷花"等词语；感受荷花的美丽，培养对大自然的热爱之情。

教学实践环节：

师：打开书本，咱们到书本中赏荷花。请大家自由朗读课文，一边读一边思考，这篇文章的作者是怎么欣赏荷花的？从哪里看出来的？

生：（学生自由朗读课文，教师前后巡视）

师：请同学们边读边思考，文章中的哪些句子、哪些段落让你了解到他是这样看荷花的，可以找出来多读几遍。

生：（自由选择段落朗读）

师：老师在巡视中发现，XX 同学读得特别投入，XX 同学，请你给大家讲一讲，作者是怎样欣赏荷花的呢？

生 1：我觉得他是在有滋有味地看荷花。

师：说得很好，作者在有滋有味地看荷花。你是从哪些句子或者段落中找到的呢？能带感情地朗读一下吗？

生 1：（朗读）

师：读得真不错，大家掌声鼓励一下！作者是有滋有味地看荷花，XX 同学是在有滋有味地朗读《荷花》。还有谁也能有滋有味地朗读这段话？

生 2：（朗读）

师：在这位同学朗读的时候，老师发现他有几个词读得特别有滋有味，同学们谁听出来啦？可以抢答！

生 3：雪白的衣裳、微风吹过来、翩翩起舞，还有随风飘动，我觉得他读得特别好。

师：好！咱们一起来欣赏欣赏他的朗读。作者将自己想象成了翩翩起舞的荷花，这是因为作者沉浸于荷花的美景中，大家想不想变成一朵荷花呢？让我们一起沉醉于第 4、5 自然段中吧！（配乐朗诵）

生 3：（朗读）

师：嗯！连老师都被你读得想翩翩起舞了！好！作者不仅有滋有味地欣赏荷花，还如痴如醉地欣赏荷花，咱们一起跟着作者再痴一回、醉一回，好吗？

生：（齐读）

师：课文中运用了很多修辞手法，大家可以找出来并进行分析吗？

生：（回答）

师：大家找得很好。作者笔下的荷花如此美丽动人，大家一样可以生动地描写自己喜欢的花，大家快动脑筋进行描写吧，为大家介绍一下花的特点吧。

生：（写作）

师生交流优秀习作，并进行评讲。

（二）《走月亮》教学案例

教学内容：

《走月亮》是一篇优美的抒情散文，主要内容为一对母女在月下一边散步一边描绘所见之物，花香四溢沁人心脾，农田里瓜果飘香，两人柔声细语，呈现出幸福温馨的画面。作者通过这篇散文体现了对乡土的缱绻之情，对美好童年的眷恋与怀念，以及对母亲的依恋之情。

教学目标：

正确、流利、有感情地朗读课文；学会课文中6个生字；充分发挥想象力，深切感知文章的意境美。

教学实践环节：

师：母亲是我们每个人人生中非常重要的人，大家有没有跟自己的妈妈一起散步过呢？你们都去过哪些印象深刻的地方呢？说出来与大家分享分享吧。

生1：我曾经跟妈妈到河边散步，路边的垂柳又细又长，像一头浓密的头发。

生2：我跟妈妈去过乡间小路散步，田地里有红艳艳的西红柿、绿油油的青菜，还有蟋蟀的叫声，虽然很普通，但是在我记忆里就是一抹美丽的风景。

师：看来大家都跟自己的妈妈有很多美好、难忘的散步的回忆，今天，让我们跟随一位小朋友，了解她与妈妈散步的经历，看她有哪些特殊的感受吧。

师：（配乐范读）

师：接下来，请同学们选择一种自己喜欢的方式朗读课文，要注意字音准确，把句子读通顺。

生：（自由朗读）

师：（指名读课文）

师：作者嗅到了野花散发出的清香的味道，那大家想象一下作者看到了怎样的景色呢？

生：五颜六色的野花开得遍地都是，随着轻风摆动摇曳，仿佛在欢迎作者的到来。

师：大家想象一下作者在与妈妈散步的过程中看到的果园景色是什么样的？

生：果园里结满了红彤彤的果实。

师：除了美丽迷人的月夜景色，还有什么原因令作者感到非常高兴呢？同学们再认真读一读、找一找吧，看谁找得准、找得快。

生：因为喜欢自己的妈妈，跟妈妈一起散步感到很幸福。

师：同学们都很聪明，那你们知不知道作者和阿妈一共走过了几个地方呢？课文抒发了作者什么样的感情呢？

生：走过了点苍山、村头、大道和小路、小溪和水塘、溪岸和拱桥、果园和菜地，表达了对大自然、生活的喜爱以及对母亲深深的爱。

师：同学们找得非常齐全，看来读得很认真，接下来，请同学们跟随配乐用心阅读全文，感受作者的情感，和妈妈一起走月亮吧。

三、散文类文本朗读教学案例的分析

（一）注重沉浸式朗读，入情入境品味形神统一

所谓沉浸式朗读，指的是学生沉浸于纯粹的学习环境中，全身心投入并注意力高度集中于朗读课堂的一种朗读方法。

在上述《荷花》朗读教学案例中，教师选取了课文的部分内容，通过配乐的方式促使学生更好地融入课文创设的情境中，让学生品味描写景物的生动语言，充分发挥想象力，同时与实际生活体验联系到一起，真真切切地感受景色之美，使学生更加深入地理解作者的思想情感，并掌握课文的思想主线。这样一来，不仅能弥补学生生活经验不足的缺陷，使学生凭借自己的生活经验与语文经验，更好地理解课文中蕴含的可能高于学生现有语文经验的因素，还能帮助学生品味文章，领悟文字背后的情感，达到水到渠成的朗读效果，为学生更深层次的朗读理解奠定基础。

在上述《走月亮》教学案例中，教师激发学生想象力，让学生想象作者所描绘的各种画面，帮助学生入情入境，在沉浸于作者所描写的美好景色中的同时，更加深入地理解作者对母亲深切的爱。

（二）读写有机结合，丰富散文朗读内容

散文的美主要集中表现在两个方面，一方面是思想情趣的美，另一方面是语言文字的美，特别是语言文字的美与小学阶段学生的朗读学习和日常写作存在着紧密的联系。在小学生的日常作文练习过程中，无论是记事作文还是写人

作文，大部分都属于现代散文。小学生进行写作时仅仅依靠自身在日常生活中积累的素材是远远不够的，还需要从文本中获取更多的间接经验作为补充。而小学语文教材中语言优美的散文恰好可以为学生散文写作提供丰富的语言材料。在上述《荷花》教学案例中，教师在朗读教学环节结束后有意识地组织小练笔活动，真正实现了读写的有机结合，在学生吸收了散文语言精华的基础上，让学生将所吸收的语言精华应用到写作中，使学生写作受益；同时，能有效提升学生的散文朗读能力，这主要体现在学生通过对自己所写作文的反复朗读、修改与揣摩，能够循序渐进地打通读与写之间的壁垒，有效联结两种不一样的思维活动，在朗读、背诵与写作中持续性提升自身的写作水平。而随着学生对写作语言材料需求的日益提升，其对课内外散文朗读与背诵的范围会进一步扩大，学生的散文朗读内容会逐渐丰富起来。

第三节　童话类的朗读教学

一、童话类文本朗读概述

（一）童话类文本的特点

童话不仅是儿童喜闻乐见的文本类型，还是最适合儿童阅读的文本类型。这类文本的特点是篇幅短小，结构简单，语言简练、朴素，通俗生动，趣味性强，符合儿童的口吻，文本内容与儿童的知识范围和心理特征相契合，故事中的人物形象善恶分明，富有个性，对儿童具有极大的吸引力，能够将儿童带入童话世界中去，并通过童话世界中的事物激发其对语言背后深层含义的探索。

（二）童话类文本朗读的特点

基于童话体裁的特点，这类文本的朗读具有以下几个特点。

1.幻想性

一篇童话往往充满幻想与想象，这也是童话类文本的核心。童话作者通过描绘虚幻的情境、讲述虚构的情节来展现精神或思想，这也就要求朗读者充分想象出作者脑海中的情境，以达到与童话的精神相契合的目的。教师在范读或引导学生朗读时可以借助朗读中的停顿、重音以及语速变化等朗读技巧给学生留有足够的幻想空间，让学生发挥充分的想象。

2. 经验性

经验性，顾名思义，就是学生依据原有经验进行朗读。朗读本身就是一个学生自身经验与文本内容相融合的知识建构过程。这要求学生在朗读中将原有经验与文本进行连接，积极地与童话文本进行互动，并在朗读中消化与吸收文本中的知识与思想情感，形成自身新的经验。

3. 欢愉性

欢愉性简单来说就是童话文本的"趣味性"，这也是童话类文本最鲜明的特征。童话可以让儿童在作者所虚构的世界中探索、游戏，并以自己的方式进行情感的释放。从潜在层面讲，童话是一种表达儿童生理和心理能量要求，对其精神世界进行投射释放的文本。在朗读中学生会感受到自身主体的存在，从而产生自豪感，这也就要求学生在朗读过程中，通过调节声音以及语调的大小来探寻朗读的乐趣所在。

二、童话类文本的朗读教学案例

（一）《丑小鸭》教学案例

教学内容：

《丑小鸭》作为安徒生的一篇耳熟能详的童话，一直以来都深受孩子们的喜爱。安徒生通过对丑小鸭经历重重磨难变成白天鹅的经过的描写，刻画出了一只有理想、有目标、有追求的丑小鸭的形象，教会了大家"是金子总会发光"的道理。

教学目标：

用普通话准确、流利、有感情地朗读课文；了解丑小鸭成长过程中遇到的不幸与挫折，身临其境地感受丑小鸭的心情；把握丑小鸭这一形象的思想内涵。

教学实践环节：

师：同学们，在你们学习和成长的道路上，有灿烂明媚的阳光，也会有不期而至的风雨。那么当大家遇到困难和挫折时应该保持什么样的态度呢？相信只要大家不抛弃、不放弃，持之以恒地追求自己的理想，一定会成为一只白天鹅。下面让我们一起来看看安徒生笔下的丑小鸭是怎样成为一只白天鹅的吧。

生：（朗读）

师：丑小鸭来到了这么多地方，你觉得他在寻找什么呢？

生1：他在寻找温暖。

生2：他在寻找家。

生3：他在寻找朋友、亲人。

生4：他在寻找幸福。

生5：他在寻找未来。

师：他找啊找啊，冬天到了，天气变冷了，丑小鸭竟然趴在冰上（教师出示词语，学生齐读）"冻僵"了。

师：面对丑小鸭这种种不幸的遭遇，你感受到了什么？

生1：我想哭，我觉得丑小鸭他怎么那么不幸呢！

生2：如果我是丑小鸭，也许我早就放弃自己了。

生3：一句话，我就觉得丑小鸭他真可怜，他太不幸了。

师：带着你们的感受，让我们再次走进丑小鸭的不幸生活。（点击课件，播放丑小鸭离开家后那段不幸遭遇的动画，学生全神贯注地注视着画面，用心地体会。最后画面定格在天上飘着大雪，丑小鸭趴在冰上冻僵了。停顿数秒，让学生加深感悟丑小鸭的可怜、不幸）

师：看着这个画面，我们的感受似乎又深刻了许多。谁想站起来，用自己发自内心的声音把丑小鸭的不幸遭遇，即课文的第3、4、5、6自然段给我们大家好好读一读。

生：（朗读）

师：安徒生把丑小鸭的故事讲得太好了，如果现在让同学们接着这个故事讲下去，大家有没有信心讲好呢？

生：有。

组织学生续编故事，结束后，组织学生互评，评选出"异想天开"奖。

（二）《狐狸分奶酪》教学案例

教学内容：

《狐狸分奶酪》作为一篇匈牙利民间故事，具有较强的可读性、故事性，通俗易懂。这篇童话类课文主要讲述了小熊哥儿俩捡到了一块奶酪，但是对这块奶酪的分配犯了难，最终奶酪全部都进入了狐狸嘴里的故事。教师通过这个故事，启发学生与同伴相处的过程中不要斤斤计较，否则会给别有用心之人有可乘之机。

教学目标：

读好长句子的停顿，分角色朗读狐狸与两只小熊的对话，通过朗读揣摩人物的语言和动作，深切体会故事中人物的性格与心理；明白与同伴友好相处的重要性，如果斤斤计较容易吃亏的道理。

教学实践环节：

师：同学们请看PPT中这张图片，大家知道这是谁吗？

生：狐狸。

师：让我们共同学习一篇匈牙利的民间故事《狐狸分奶酪》吧，请大家认真阅读课文标题，现在你们的脑海中冒出了哪些小问号呢？

生1：狐狸为什么要分奶酪？

生2：狐狸是如何对奶酪进行分配的？

生3：狐狸分奶酪产生了怎样的结果？

师：很好，大家的脑子都很灵活，其实这些问题就隐藏在课文当中。接下来，请大家自由朗读课文，要读准字音，将句子读通顺，一起寻找这些问题的答案吧！

生：（自由朗读课文）

师：（寻找三名同学进行即兴表演，帮助全班学生全面了解故事的起因、经过和结果）

师：请大家自由朗读课文的2～11自然段，并数一数狐狸一共帮小哥儿俩分了多少次奶酪，做上标记便于计算。

生：狐狸帮小哥儿俩分了很多次奶酪，直到最后将奶酪吃光。

师：接下来，请大家仔细阅读2～6自然段，找出来狐狸第一次帮助小哥儿俩分奶酪采取的什么方式。

生：（朗读课文第4段）

师：（小狐狸到底知不知道小哥儿俩吵架的原因呢？为什么要明知故问呢？）

生：（在问题的引导下体会狐狸的狡猾，并在朗读中体现出狐狸的狡猾）

师：（指名学生扮演小熊并朗读小熊的话）小熊吃不到奶酪是怎样的心情呢？

生：为难、着急。

师：所以大家朗读2～6自然段小熊说的话时，要体现出为难和着急的心情。

生：（朗读）

师：有没有哪位同学自告奋勇，为大家朗读"你分得不匀""那半块大一点儿"这两句话啊？

生：（朗读）

师：我能感受到你是嚷着朗读这两句话的，这是为什么呢？

生：这样可以体现着急的心情。

师：非常好，看来已经理解"嚷"的含义了，并感受到了此时此刻人物的心情。下面，请大家以小组为单位，分角色朗读课文的1～6自然段，之后进行展示。

生：（分角色朗读并展示）

师：请大家朗读并自学课文的7～9自然段，用横线将狐狸说的话画出来，并用波浪线将狐狸做的动作标记出来，数一数哪个动作出现的次数最多。

生："咬"的动作出现次数最多。

师：哪位同学来朗读一下"整块奶酪都被你吃光了"这句话呢？

生：（朗读）

师：这句话表示的是对狐狸的赞扬吗？如果不是的话它代表的是什么意思呢？

生：小熊哥俩生气了。

师：（指名学生朗读"整块奶酪都被你吃光了"）面对小熊哥俩的控诉，狐狸说了什么话呢？

生：（朗读最后一段）

师：大家同不同意狐狸所说的呢？如果你是小熊，当你再次捡到奶酪时会怎样分配呢？

生：不同意。要学会谦让，不斤斤计较。

三、童话类文本朗读教学案例的分析

（一）运用不同的语气朗读，恰当地表现情感立场

通常来说，童话故事中的人物身上都体现着一定的品质，运用不同的语气朗读课文，能够有效突出人物的不同情感，这也是塑造角色的关键所在。在上述《丑小鸭》教学案例中，教师运用多媒体教学手段和提出多个问题进行引导，尽可能地让学生感受到丑小鸭当时所处的情境、心情等，一步步地带领着学生走进丑小鸭的内心世界，使学生对丑小鸭的不幸遭遇感同身受，引发学生情感共鸣，进而达到朗读与感情的完美结合。此时，学生已经完全将自己置身在了丑小鸭的不幸世界中，对其充满了深深的同情与怜悯。之后，教师又鼓励学生朗读3、4、5、6自然段，引导学生将获得的感受通过朗读表达出来。在朗读这四个自然段时，学生的语气是同情、悲凉的，突出了丑小鸭无处藏身的悲惨处境，朗读效果自然有所提升。

在《狐狸分奶酪》教学案例中，教师引导学生品读一些重要语句，通过不同语气体现故事人物的心情，表现一定的情感立场，这有助于学生对人物性格和课文情感进行理解。

（二）放飞学生个性，增强学生对文本的把握

不同学生的个人好恶、生活经历有差异，对于课文内容的理解也会存在不同之处。因此，在朗读中教师要适当地为学生提供表达的机会，发挥学生想象力，鼓励学生适当创造。在上述《丑小鸭》教学案例中，教师鼓励学生继续创编丑小鸭的故事，并设置了"异想天开"奖，有助于充分调动学生思考与表达的积极性。这样一来，不仅能增强学生对丑小鸭形象的理解，以及对课文情感的体验，还有助于放飞学生的个性。

第四节　文言文的朗读教学

一、文言文文本朗读概述

（一）文言文文本特点

文言文在小学语文教材中较为少见，但也是教学重难点之一，文言文文本的特点主要体现在以下几方面。

1. 深奥难懂

文言文文本的语言不同于其他类型文本的清晰明了，文言文文本最鲜明的特点就是语言晦涩难懂，因为文言文中有很多拗口难懂的句子、生僻深奥的句子、小学生不熟悉的典章制度等，所以文言文就成了小学生眼中捉摸不透的"迷言"，理解起来较为困难。

2. 言文分离

语言学研究认为，书面语是在口语基础上形成的，两者有着十分密切的联系，相互作用、相互影响。文言文产生并发展于先秦口语的基础之上，随着时代的发展，并且由于科举考试的影响，读书人刻意模仿四书五经的语言撰写诗文，文言文作为一种书面语，在各种因素的影响下与口头语之间的距离逐渐增大，"言文分离"的现象。

3. 行文简练

我国大部分古代典籍都是用文言文撰写的，其中很多广为流传的作品以简约精练著称。实际上，文言文本身就体现着简练的特征，原因是一方面，文言文主要使用单音节词，相比之下双音节词和多音节词的出现概率并不高；另一方面，文言文经常运用省略句，经常省去主语、宾语、介词等，加之各个朝代的名人都注重语言的精炼性，久而久之，文言文就形成了严密简洁的风格。

（二）文言文文本朗读特点

1. 富有韵律感

文言文朗读应具有韵律感，朗读文言文时，如果句内停顿不当就容易使听众对句子的意思产生误解，节奏也会走样。因此，文言文朗读要求学生读准节奏。与此同时，学生还要针对议论、描写、叙述等不同类型的语句，使用不同的语调、语气和语速，做到停顿得当、语气连贯，进而读出抑扬顿挫的感觉，使朗读富有韵律感。

2. 平缓性

在深入理解文言文意思的基础上，如何有效地把握有声语言的进程，是朗读文言文的重中之重。从整体上来看，文言文的朗读应该是舒缓、平稳的，不宜峰谷悬殊、缓急突变，必须要与文言文深沉内敛的风格相符。

二、文言文文本的教学案例

以文言文《学弈》的教学片段为例。

教学内容：

《学弈》是人教版小学语文六年级上册的一篇文言文，讲述了弈秋教两个人下围棋的故事，这一故事说明了即使在相同的条件下，如果采取不一样的态度也会获得不一样的结果，阐明了学习要心无旁骛、一心一意的道理。

教学目标：

会写 3 个生字；有感情地朗读并背诵课文；了解并掌握故事内容，领悟其中蕴含的深刻道理；感受文言文的特点，培养对文言文的学习兴趣。

教学实践环节：

师：哪位同学愿意给大家把文章读一读呀？

生：（朗读。读得不是很流利，有乱断句的现象）

师：你们感觉如何？

生 1：我认为他读得不是很流利。

生 2：我认为"一心以为有鸿鹄将至，思援弓缴而射之"这句他停顿得不够准确。

师：谁再来试一试。

生：（朗读）

师：这次你们感觉怎么样？

生：他还是没能处理好语句停顿。

师：让我也来试一试，好吗？请你们认真听听我是怎样停顿的，你们认为必要的地方可以拿出笔画一画。

师：（范读）

师：想用老师的方法再试一试吗？好，你们自由读一读吧。

生：（自由朗读）

师：谁再来将整篇课文读一读，向我和前两位同学挑战？

生：（赛读）

师：还有许多同学想读，别急，等理解了课文内容之后，你们会读得更好的，到那时，我们再来比一比。

师：请对照注释，再读一读，看看大家有什么收获？

生：（分组自学后交流汇报）

生1：我知道"通国之善弈者也"的意思是全国最擅长下围棋的人。

生2：我知道"惟弈秋之为听"的意思是只听弈秋的教导。

生3："为是其智弗与？"意思是说"难道是因为他的智力不如别人吗？"

师：谁能把故事的内容连起来说一说。

生：弈秋是全国最擅长下围棋的人，弈秋教两个人下围棋，其中一人专心致志，只听弈秋的教导……

师：你们知道"虽与之俱学，弗若之矣"的原因吗？请用写格言的形式把自己的体会写出来。

生1：做任何事都要一心一意，否则将一事无成。

生2：专心致志乃事业成功的必备条件。

生3：一心一意万事能成，三心二意一事无成。

……

三、文言文文本教学案例分析

（一）教师朗读示范，拉近学生与文言文的距离

相比于白话文，文言文的语言极其精炼，只用很少的字就能表达丰富的意

蕴。在文言文朗读过程中，学生具有较强的向师性，教师的言谈举止的效果在学生眼里都会得到放大。教师示范的方式能够帮助学生纠正自己的读音，一方面可以更好地理解文言词语，另一方面可以增强对文言文节奏、停顿等方面的体会。在上述教学案例中，教师进行范读不只是向学生传递了声音，其眼神、动作、表情等都可能成为学生模仿的对象，有助于打通学生学习文言文的感知觉通道。

（二）帮助学生掌握断句规律，有效攻克文字阻力

通常来说，要掌握文言文的断句规律不仅是要关注已有的标点符号，还需要根据具体的文言语句含义，对句子进行合理划分，这也就是所谓的句子内部的停顿。只有句子停顿读对了，才能正确地疏通与领略文意，消除朗读障碍。在上述教学案例中，在进行文章初读环节时，学生难免会出现一些乱断句、磕绊等现象，教师应通过一步步的正确、耐心的引导，对学生的朗读提出恰当的意见，逐步增强文章朗读效果；在学生基本掌握本章字音与节奏的基础之上带领学生研读文章，又以问答的方式引领学生深入挖掘文章，并以格言的形式将文章内涵总结出来，帮助学生有效克服文字阻力，从而有助于学生良好的阅读习惯的形成，使学生受益深远。

第五节　小说类的朗读教学

一、小说类文本朗读概述

（一）小说类文本的特点

小说类文本也是小学语文教材中常见的文本类型之一，与其他类型文体相比，小说通常富于情感，其内容更注重情节、人物冲突与对话、氛围渲染和心理刻画等方面的艺术性描写；其语言更是调动所有手段来进行气氛的渲染、展示人物个性，并以此来推动故事情节发展。

（二）小说类文本朗读的特点

1.生动性

一部小说往往会设置主人公或主角，还会设置次要人物或配角，通过衬托的手法突出小说人物的生动鲜明的性格，推动故事的发展。在朗读小说的过

程中，学生需要生动地朗读对不同人物的描写，从而更好地突出不同人物的性格，准确地把握作者的情感。

2. 客观性

小说中的人物、故事通常都是虚构的。学生在朗读小说的过程中，要在掌握小说故事主线、人物性格的基础上，了解作者通过小说表达的情感，并客观地叙述小说内容，同时融入充分的感情，使小说更富有感染力，充分表达出作者的情感。

二、小说类文本的教学案例

（一）《他们那时候多有趣啊》教学案例

教学内容：

《他们那时候多有趣啊》是人教版小学语文六年级下册的一篇小说，作者艾萨克·阿西莫夫从未来角度出发，对未来学生的现实生活展开了描写，揭示了机器文明对人造成的巨大冲击，明确了人不能完全被机器所取代。

教学目标：

了解科幻小说，掌握课文构思特点；发挥想象力，想象未来生活可能发生哪些变化。

教学实践环节：

师：请大家先查阅相关资料，了解小说的创作背景，然后用你们最喜欢的方式朗读文章，看一看课文讲了什么故事？

生：（自由朗读，了解文章内容，对于不认识或读不准的生字词进行查阅与讨论）

生：讲述了生活在未来的小女孩不满于自己的学习方式。

师：就读于机器学校的孩子通过纸质印刷的书籍获取到了学校的哪些信息？请大家通读一遍课文，从课文中寻找答案。

生1：老师是真人。

生2：相似年龄的孩子学习的功课是一样的。

生3：学生们集中到一个地方进行学习。

师：请大家分角色朗读课文，并思考玛琪喜不喜欢"未来教育"？这样写的目的有哪些？

生1：不喜欢，玛琪不愿意参与到无休止的考试中。这样写有助于缩短读者与小说中人物的距离。

生2：不喜欢"未来教育"，玛琪对过度学习产生了厌恶。这样写能够促进读者进行深入思考。

师：非常好！看来大家都对文章有了自己的理解与感悟，下面大家再将自己的感悟带入文章当中去，认真地将文章再朗读一遍。

（二）《慈母情深》教学案例

教学内容：

《慈母情深》是人教版小学语文五年级上册的一篇小说，这篇课文主要讲述了虽然作者家庭经济条件不好，但是贫穷辛劳的母亲仍然不顾同事的劝阻，毅然决然地把买课外书的钱给了作者的这件事，体现了母亲对作者深深的爱，以及作者对母亲的敬爱之情。

教学目标：

认识三个生字，理解"龟裂""震耳欲聋""失魂落魄"等词语；有感情地朗读课文，并选择自己喜欢的段落进行背诵；体会课文中母亲的形象，以及作者对母亲的热爱与感激。

教学实践环节：

师：妈妈对我们的爱体现在生活中的方方面面，同学们都可以从哪些地方感受到呢？

生1：每天早上醒来妈妈都已经做好了早饭。

生2：每次生日妈妈都会给我买蛋糕，做一桌子我喜欢吃的饭菜。

师：从同学们的话语中，老师感受到了妈妈深沉的爱。今天我们学习的这篇文章讲述的也是母亲对孩子的爱，大家先用自己喜欢的方式通读一遍文章，想一想文章主要讲述了一件什么事。

生：（自由朗读）

师：谁来说一说课文主要讲的什么呢？

生：主要讲的是一位母亲支持孩子买课外书的故事。

师：大家默读一遍课文，找一找有哪些地方是描写母亲的，这是一位怎样的母亲？

生：这是一位贫穷辛劳的母亲。

师：（出示"一个极其瘦弱的脊背弯曲着，头凑到缝纫机板上"）同学们读一读这句话，通过这句话可以看到一位什么样的母亲？

生：非常瘦弱的母亲。

师：大家知道这位非常瘦弱的母亲的工作环境是怎样的吗？请从课文中找出并读出来。

生：七八十台破缝纫机发出的噪声震耳欲聋。

师：作者描写母亲瘦弱的脊背以及震耳欲聋的工作环境是想要表达什么意思呢？

生：表达自己的母亲生活不易。

师：请大家细细品读这段话"背直起来了，我的母亲。转过身来了，我的母亲。褐色的口罩上方，一对眼神疲惫的眼睛吃惊地望着我，我的母亲的眼睛……"作者通过这段话刻画了一位怎样的母亲，这段话有着怎样的特别之处呢？

生：极其疲惫的母亲。这三句话的句末都有一句"我的母亲"。

师：如果去掉"我的母亲"这半句话，同学们再读一读，感觉有没有发生变化？

生：加上"我的母亲"更能体会到母亲的疲惫，以及作者对母亲的心疼。

师：作者向母亲要钱买书时，母亲是怎么拿出来的，同学们想一想为什么是掏出来而不是拿出来的呢？（指名读）

生：母亲掏出来的是自己的心血和爱，以及对孩子殷切的期望。

师：和作者的母亲一样，天下每一位母亲都不求回报地爱着自己的子女，请同学们给自己的母亲写一封感谢信，将自己多年来对母亲的爱表达出来，感谢母亲这些年的辛勤付出。

三、小说类文本的教学案例分析

（一）借助资料了解背景，增强小说阅读效果

通常来说，小说中人物形象的塑造与时代背景息息相关，所以教师带领学生了解小说创作背景和作者所处时代背景，有助于学生了解小说的内容。在《他们那时候多有趣啊》教学案例中，教师让学生先查阅相关资料，在此基础上再阅读小说内容，这样学生会更加深刻地了解小说表达的情感，有助于提升对小说的理解水平。

（二）多种朗读形式相结合，逐步提升学生朗读能力

在《他们那时候多有趣啊》教学案例中，可以发现教师一共让学生进行了三次朗读，第一次自由朗读，让学生对文章字音节奏以及文章大体内容进行梳理；第二次分角色朗读，让学生深入体会文章情感，挖掘文章内涵，并注重学生发散思维的培养，从不同角度解析文章；第三次朗读，让学生将所感悟的情感带入文章进行重温。由此朗读教学完成，学生通过三次朗读，情感层层递进，逐步深入文章，在得到感悟与启示的同时提高了朗读能力。因此，教师要注重多种朗读方式的结合，帮助学生更深入地理解小说内容，逐步提升学生的朗读能力。另外，教师可以引导学生融入特定语境中感知相关人物形象和作者情感，帮助学生更好地理解小说的深层含义。如，在上述教学案例中，教师引导学生从震耳欲聋的工作环境中感知作者母亲的伟大形象，有助于学生更好地理解作者母亲的辛勤劳动，以及生活的不易。

第七章　小学语文朗读教学的发展策略

第一节　教学手段多样化

教学手段也叫教学方法，是教学过程中教师与学生为实现教学目的和教学任务要求，在教学活动中所采取的行为方式的总称，其由指导思想、基本手段以及教学方式三个层面组成。在朗读教学活动中，由于文章文体、学生学情、文章内容等方面都具有较大的差异性，单一的教学手段无法做到适用于所有文体、所有年级学生以及所有内容情感的朗读教学，这就要求教师能掌握多种教学手段，并能够根据学生、文章以及教学环节等具体情况具体运用。

由于小学年龄段少年儿童正处于记忆的黄金时期，因此对他们来说，通过接受朗读这种教学进行文本的探索与记忆是适合的。这也要求教师能根据教材中不同的文章以及教学内容，从教师以及学生两方面着手，采取有针对性的朗读教学方式。

一、教师方面

（一）教师范读

教师范读的教学方式是在小学语文朗读教学课堂中最为常见的教学方式，其主要模式是教师对文章进行朗读，给学生起示范作用，学生根据教师的朗读进行字音纠正、节奏划分等，初步梳理文章。这对于小学生来说是符合其思维发展水平与年龄特征的教学方式，由于小学生的主要思维模式为形象思维，所有他们对书面文字的理解能力较弱，同时他们语言表达能力还处于发展阶段。而教师范读的方式可以将书面文字语言转化为形象的口头语言，更易于学生对文章进行理解，同时鉴于此阶段学生模仿能力较强，教师声情并茂、准确流利的朗读还可以为学生树立好榜样，提高学生对朗读的兴趣，为其创造良好的朗读条件。

例如，人教版小学语文四年级上册课文《观潮》讲述了作者一次观潮的亲身经历，对涨潮时江水状态的描写是文章的高潮部分，也是朗读教学的重点部分。在进行这部分朗读教学时，教师可以通过多媒体配上相对应的涨潮幻灯片、背景音乐，创造出如临实境的氛围，然后开始范读：

"浪潮越来越近，犹如千万匹白色战马齐头并进，浩浩荡荡地飞奔而来；那声音如同山崩地裂，好像大地都被震得颤动起来。"

这段声情并茂、情景合一的范读能够使学生被吸引进入涨潮时的"山崩地裂"似的情境当中去，由此以景引情，使学生对浪潮的浩荡广阔瞬间产生激昂澎湃的情感，激发学生对文章作者的情感共鸣，使学生对课文想要一读为快。同时通过教师的此次范读，学生也可以学到相关情绪高涨类文章的朗读技巧，并针对本文哪里该快读、哪里该慢读、哪里该重读有了初步的了解，找到朗读的感觉。在此基础上，学生再自己进行朗读，反复训练，最后像教师一样配上相应的幻灯片以及音乐，就能将该篇文章所要表达的情感通过自己的朗读充分表达出来。由此，此次朗读教学就达到了教学目标。

这种教师范读的朗读教学方式是抓住了学生模仿能力强、好奇心强等特征进行教学，教师通过范读为学生提供模仿对象，同时教师声情并茂的范读也为学生树立了好的榜样，能够激起学生的好奇心与好胜心，使学生想要一读为快并达到甚至超过教师范读的标准。但需要注意的是，每个人对同一篇文章的感悟与理解都不相同，这种差异表现在朗读上就是朗读节奏以及技巧使用方式的不同，因此在教师范读教学模式中，教师不能要求每位同学都跟自己的范读一模一样，而应尊重学生的差异性，让学生将文章读出自己的特色。教师的范读只是帮助学生对文章字音以及节奏、内容进行初步感知，并不可以直接作为朗读标准要求学生进行复刻。学生要做的是在聆听范读的过程中大致把握文章，将自己所获得的感受与自己的体验和以往经验相结合，发挥想象力与创造力，用自己的方式进行朗读，将文章读出自己的感觉。

（二）教师引读

教师引读就是教师引导学生朗读。其本质是教师根据文章内容、主旨及特点，在学生朗读时加以引导，使其朗读符合文章大致走向，引导学生留意文章关键部分的同时给学生自由朗读留有足够的思考与体验的空间，以便于其结合自身理解进行发挥。这种引读"引"的方式分为以下三种。

1. 设疑引读

这种引读方式是指教师通过在朗读前以及朗读中设置疑问的方式进行"引"，如在朗读前留下问题让学生通过朗读去寻找答案，在朗读时通过一连串的疑问引领学生逐步深入文章，提升朗读效果。具体以人教版小学语文四年级上册课文《观潮》为例，在这篇文章的朗读教学中，教师可以这样进行设疑引读。

师：下面大家自由朗读课文，并思考一下涨潮时浪潮有哪些特征，从哪里看出来的？

生：（自由朗读）

生1：涨潮时浪潮是浩大且快速的，文章中"犹如千万匹白色战马齐头并进，浩浩荡荡地飞奔而来"可以体现。

师：大家从他的朗读中听出浪潮的浩大和快速了吗？

生（一起回答）：没有！

师：看来大家都没有感受到你说的浩大和快速啊，能再朗读一遍，让大家体会到你的感受吗？

生1：犹如千万匹白色战马齐头并进，浩浩荡荡地飞奔而来。（语气激昂，节奏急促）

师：很好！这次我感受到你所说的那种浩荡与急速的浪潮了。还有没有同学有其他发现？

生2：涨潮时浪潮声音是震撼的。"那声音如同山崩地裂，好像大地都被震得颤动起来。"（声音洪亮，情绪饱满）

师：哇！真震撼啊！你让我好像真的听到了浪潮的声音！

此教学片段中，教师主要通过设置问题让学生在朗读中思考，随后请学生通过朗读分享自己的感悟，并在此过程中通过疑问方式逐步引导学生正确运用朗读技巧，从而起到真正的主导作用，也能够让学生很快进入涨潮情境之中，将自己的想象与文章结合，并通过朗读以及朗读技巧的使用提升朗读效果，使朗读更具感染力。

2. 提示引读

提示引读中，教师的"引"体现在给学生适当的提示以帮助学生梳理文章脉络以及文章情感。教师给学生的提示可以是以旁白、重音、重复等方式穿插进朗读中，具体结合文章语境来运用不同方式来达到提示引读效果。

同样以人教版小学语文四年级上册课文《观潮》为例：

（学生朗读）

生：浪潮越来越近，犹如千万匹白色战马齐头并进……

师：犹如——

生：千万匹白色战马／齐头并进……

师：那声音——

生：如同山崩地裂，好像大地都被震得颤动起来。

师：太棒了，看来你也感受到作者所说的浪潮的宏伟壮阔了！

在这个教学片段中，教师以旁白的形式在学生朗读时添加提示语，逐步引导学生注意重要词语的重读以及朗读节奏的改善。这种引导方法是在朗读中进行现场引导，使学生更直观地感受到其作用，也能够使学生更快融入文章情境，顺着引导自然而然地将感情与文章进行融合，这对学生朗读水平的提升有显著的效果，也使学生对文章的理解更加深刻。

3. 添词引读

朗读时为了使学生更好地梳理文章脉络，同时让文章结构更鲜明地展现在学生面前，教师可以在朗读时适当地添加逻辑性词语进行辅助梳理。文章出于某些原因，可能不会使用相关逻辑词对其内容结构与逻辑关系进行连接，从而可能造成学生对文章层次结构认识混乱，难以理解文章内容等问题。面对这种情况，教师便可以通过添词引读来帮助学生梳理文章，具体应根据文章的内在结构与逻辑关系，如总分关系、递进关系、转折关系等，帮助学生更好地理解文章内容。例如，人教版小学语文三年级上册课文《富饶的西沙群岛》描述了西沙群岛优美的风景及丰富的物产，这两部分内容在结构上呈并列关系，但文章中并没有相关逻辑词汇来表明这种关系。教师在引读时，就可以使用"美丽富饶的西沙群岛风景优美，物产丰富。它不仅有……还有……也有……更是……"这样的句式进行引读。通过这种方式，教师能够帮助学生梳理西沙群岛的富饶体现在哪几个方面，并对这些方面进行层次划分，使学生更深入地感受西沙群岛的富饶，理清文章层次及结构关系。

二、学生方面

（一）自由朗读

自由朗读是让学生自己进行朗读的朗读教学方式，这种方式通常用于新课开始时，时间为五到十分钟。自由朗读的目的一般是让学生对文章内容有初步了解，知道文章大概写了什么内容，做到对文章语句及段落读准、读流畅，为接下来的朗读教学打下基础。具体来说，教师可以先让学生通过自由朗读对课文进行初步感知，同时对文中陌生字词进行重点标注并通过查工具书、小组讨论、问老师等方式进行掌握。

自由朗读的方式能给学生留有足够的想象空间，让其在朗读的过程中对文章内容展开自己的想象，有助于培养学生发散思维。

（二）学生齐读

学生齐读是朗读教学中最常见的一种教学方式，指学生一起朗读一篇文章。在全班齐读的过程中，学生的声音汇集在一起，声势较大，有利于情境的创设，朗读气氛较为浓厚。齐读还有助于以优带劣，让不熟悉文章的同学在朗读水平优秀的同学的带领下掌握文章朗读节奏。

但这种朗读教学方式的弊端也较为明显，齐读中教师难以观察到具体每一位同学的朗读水平，难免会出现滥竽充数的情况。同时由于对文章的理解不同，学生的朗读节奏会不一致，但为了达到齐读效果就会出现拉长音、拖泥带水等朗读问题。因此，教师要根据文章具体内容进行判断，研究该文章是否适合齐读。一般情况下，只有在班级中大部分同学都能流利、有感情地朗读一篇文章时，才适合选择齐读的方式；此外一些具有篇幅短、语言简练等特点的诗歌、童谣等也属于适合安排齐读的文章类型。

（三）分角色朗读

分角色朗读就是不同学生负责文章中不同的角色进行朗读，除此之外，一般教师还会专门安排学生负责文章中旁白的部分。这种朗读教学方式较为受学生喜爱，具有较强趣味性，可以激发学生的朗读积极性。同时，分角色朗读可以让学生对文章中具体人物以及事件进行模拟还原，使学生能够深刻感受文章内涵，体会人物思想以及作者情感。

这种朗读教学方式抓住了少年儿童表现欲强的特点，教师可利用这种表现欲，引导其进入文章，成为文章中的某一角色。例如，人教版小学语文四年级上册课文《一个豆荚里的五粒豆》的朗读教学中，教师可以分别请不同同学扮演文章中的五粒豆，同时请同学扮演小女孩以及小女孩妈妈，旁白则由教师扮演。使学生通过对角色的扮演与诠释，理解"用生命创造价值是可贵的""理想不应该不切实际"等深刻哲理。亲身经历的方式有助于增强学生的感悟，对学生产生长久的影响。

除此之外，分角色朗读需要学生之间协调配合，为了整体朗读效果，学生会认真对待朗读，有助于学生树立合作精神。

（四）个别朗读

不同于以上几种朗读方式，个别朗读是学生主动或教师选取一名同学进行文章朗读，其他同学扮演听众的角色，并全程保持安静。这种朗读方法也是朗读教学中较为常见的教学方式之一，有助于锻炼学生的胆量，吸引其他学生的注意力。另外，这也是教师检验朗读教学效果的有效手段，一般应用于教学活动结尾处，教师通过个别学生的朗读效果检验学生对文章理解以及学习的效果。

这种教学方式也存在弊端，由于涉及学生较少，不具代表性，只有少数同学能通过这种教学方式达到朗读锻炼，其余学生收获较少。因此，在选取学生进行个别朗读时，应给尽量多的学生展示与锻炼的机会。

总而言之，朗读教学手段多样化需要通过基于教学手段指导思想的指导，进行教学手段的设计以及教学方式的选取而实现。一节课不应仅仅局限于一种教学手段，教师应尝试将多种手段相结合，以学生为主体，以文本为出发点，选取适合学生以及文本的教学手段，这样才能使教学脱离传统刻板模式，成为易于学生接受的灵活教学。

第二节　教学过程趣味化

兴趣是最好的老师，要想让学生真正喜欢上朗读、热爱朗读，教师就要尽量将朗读教学以学生所喜欢的形式开展，提高其对朗读的兴趣。其中教学过程趣味化是至关重要的环节，有助于唤醒学生对朗读的欲望，实现教学利益最大化。这就要求教师将教学方式加以挖掘和包装，使其行之有效，使学生保持对于朗读的兴趣。

要使朗读教学过程趣味化，教师可以从以下几个方面着手。

一、激趣导入

在语文教学活动中，一节课的开始阶段往往是文章的导入阶段，教师可以利用热门话题讨论、问题设置等形式拉近学生与课文的距离，从而引出本节课所教学的文章以及教学内容。

因此，要想将朗读教学过程趣味化，教师就要先从导入环节进行趣味设计，让学生从一开始就对文章充满兴趣，为接下来的教学奠定坚实基础。要想在导入环节就激发学生兴趣，教师可以从导入方法着手进行趣味化设计。

（一）问题导入法

问题导入法是激发学生兴趣的有效方法之一，教师通过提出问题，让学生对新课产生疑问与思考，明朝学者陈献章曾言"学贵有疑"；同时对小学年龄段学生来说，浓厚的好奇心是激发兴趣的源泉。这种问题导入法恰好能抓住学生的好奇心，从而激发学生的求知欲望，使其主动投入课文中去寻找答案。

例如，在进行《曹冲称象》课文教学时，教师可以进行以下导入设计。

师：在上课之前老师想问问大家，有没有同学和爸爸妈妈一起买过菜？大家知道买菜时，都用什么工具称菜的重量吗？

生：（一起回答）电子秤！

师：对啦！就是电子秤，那大家知道在古代没有电子秤，大家都是用什么称重的吗？

生：（一起讨论回答）杆秤！

师：真棒！那老师想问问聪明的大家，如果你生活的时代没有电子秤，让你去称一头大象的体重，你该怎么称呢？

生：（互相讨论，多数学生觉得称不出来）

师：今天我们学的这篇课文里，就有一个小天才做到了，他用自己的智慧称出了大象的体重，大家想知道他是怎么做到的吗？那就好好朗读《曹冲称象》这篇课文来寻找答案吧！

生：（情绪高涨，进行自由朗读）

在上述教学案例中，教师通过设置疑问"如何在没有电子秤的情况下称出大象的重量"，进行课文导入，充分设置悬念，让学生好奇心达到顶点，再安排其进行自由朗读，使学生带着疑问进行朗读。教师此种教学方法不仅能揭示文章主题，还能使学生迅速自发地进入学习状态，开始新课的学习。

（二）创设情境法

创设情境法是尊重学生主体地位，将学生作为学习的主体的一种新课导入方法。这种方法通过调动学生可感知的内容，使其服务于学生对文章的感知，让学生在所创设的情境中产生共鸣，从而进行自主性学习。

例如，在进行古诗《春晓》教学时，如果学生对古诗不感兴趣，不愿意学习，教师可以进行以下导入设计。

师：有没有同学喜欢春天啊，万物复苏的季节！

生：有（纷纷举手）。

师：老师也很喜欢春天，尤其是春天的早上，感觉空气特别清新。

生：（私下讨论，多数表示喜欢）

师：好啦，那请大家看黑板，老师带你们感受春天的早上。

（播放春天清晨万物复苏，鸟儿欢快啼叫的视频）

师：同学们有什么感受？

生1：我感觉好清新，这种场景让人感觉很舒服。

生2：我感觉好像大地刚睡醒，我也刚睡醒，一切都很新鲜。

师：确实，春天让人感觉生机勃勃、万物复苏。下面我们要学习的古诗《春晓》就是描述这样一种春天清晨的诗，我来给大家读一下，大家好好感受诗人是怎么描写这种情境的。

师：（声情并茂范读，配上背景音乐）

从以上教学案例可以看出，教师运用创设情境法进行新课导入，通过多媒体播放视频，让学生听过听觉、视觉等充分感受古诗中春天清晨的情境，使学生如临其境，产生情感共鸣，从而激发学生学习这首古诗的兴趣。

（三）故事诱导法

叶圣陶曾经说过："故事是儿童的第一大需要。"小学年龄阶段的儿童，他们的脑袋里充满幻想和想象，因而故事对其具有极大的吸引力。教师可以利用这一点进行新课导入。利用故事诱导法导入新课不仅能够增强教学过程的趣味性，还能够将学生的兴趣充分激发出来，使学生对课文产生浓厚兴趣。

例如，在进行《丑小鸭》课文教学时，教师可以通过以下方式进行新课导入。

师：本课开始之前，我先来给大家讲一个小故事，从前鸭妈妈生了一堆小鸭子，但是其中有一个长得和其他鸭子都不一样，因此被其他小鸭子排挤，大家都觉得它长得丑，这只小鸭子很伤心。但是最后你们猜怎么着，这只小鸭子长大之后变成了一只非常漂亮高贵的白天鹅！

生：（纷纷感叹，私下讨论）

师：大家想不想知道故事的细节？

生：（齐答）想！

师：那大家翻开课文《丑小鸭》，自行朗读，看看这只丑小鸭是怎么完成逆袭的吧。

在以上教学案例中，教师先讲述《丑小鸭》故事的大概情节，激起学生的兴趣从而导入课文。这种引导学生学习的方法可以使学生牵挂着主人公的一举一动，自然而然地投入课文里，不满足于教师的口头讲述从而自主地朗读文章，对文章内容展开探索。这种趣味化的教学过程能提高学生学习积极性，从而提高课堂效率。

（四）实物演示导入法

实物的演示是最直观、最形象的感知方式。在教学导入环节教师通过展示课文中具体实物进行导入，可以让学生更直观地感知文章内容，深化学生对文章的理解，为教学效率的提升奠定基础。

例如，在人教版小学语文四年级上册课文《爬山虎的脚》教学前，教师可以提前准备一株爬山虎，并带到课堂之上，让学生观看，从而直观感受其形状、颜色等特点，具体地感知文章所描写的内容。然后教师再让学生自行朗读文章，探究作者笔下爬山虎的特征，分析与自己观察到的信息是否一致。

这种先观察实物再读文章的导入方式能够使导入更加自然，同时让学生在初步了解文章内容的基础上进行文章解读，使其更易于理解文章，感受文章所运用的表现手法、修辞手法、表达方式等写作手法，从而在接下来的朗读教学中受益匪浅。

二、趣化朗读过程

（一）表演朗读法

表演朗读法是建立在分角色朗读基础之上的一种朗读教学方法，在学生群体中备受欢迎，是分角色朗读的丰富化过程。在这种朗读教学中，学生初步了解与感悟文章角色之后，就需要像影视剧中的演员一样，通过对人物神态、动作、语调等方面的模仿将文章全方位、立体地展现在听众面前，使文章更易于被以形象思维为主的小学阶段学生所接受。这样的表演能够增强朗读的趣味性，也为整个教学过程增添趣味。

但这样的教学过程中有几点问题需要注意。

首先，学生要敢于参加，部分学生由于内敛、害怕等因素而不敢加入这种表演朗读中，其朗读水平就得不到锻炼。这要求教师多鼓励学生，多选取一些内向学生参加这类活动，这样不仅可以使他们的朗读能力得到充分锻炼，还可以增强他们的自信心。

其次，表演朗读法的过程易失控，许多学生演着演着会由于情绪过激而发生失控行为。例如，学生演到搞笑的地方时，全班哄堂大笑停不下来，或者学生在表演中出现笑场情况。这就要求教师有足够的控场能力，能在学生失控的时候及时调控现场秩序，保证表演的顺利开展。

最后，学生的表演也会存在一些不恰当的地方，例如，有些学生不知道如何表现惊慌失措、欢欣鼓舞等抽象形象。这就要求教师在学生进行表演朗读时认真观看并适时地指出学生不到位的地方，以优化整个朗读活动的效果，确保朗读过程在具有趣味性的同时达到了相应的教学效果。

（二）配乐朗读法

音乐具有较强的感染力，易使人产生情感共鸣，尤其是在疲惫或悲伤的时候聆听舒缓音乐有助于放松、愉悦心情。因此，在朗读教学中，教师可以将音乐与朗读结合起来，在增强趣味性的同时，达到情感烘托的目的。所谓配乐朗读法，指的是在朗读中播放适当的背景音乐，以此来达到渲染氛围、烘托情感的效果，也是目前朗读教学过程应用最广泛的趣味化手段之一。

但在应用配乐朗读法时，教师要注意音乐的选取与文章内容基调相适应。以《观潮》为例，这篇文章情感激昂，如果配上舒缓的背景音乐不仅达不到烘托氛围的效果，还会使朗读本身的效果大打折扣，得不偿失。教师还要注意音乐的节奏变化与文章具体内容情节变化相一致，这样才能达到朗读与音乐相融合、增加感染力的效果。例如，《观潮》尾段，作者在描绘完声势浩荡的浪潮之后，又描写了涨完潮后平静如水的江面。这就要求教师选取与文章特点相符的背景音乐，在一番壮阔激昂之后，逐渐归于平静舒缓，由此与文章相呼应、相融合，也有助于提升朗读效果。

（三）游戏朗读法

游戏朗读法从儿童爱玩的天性出发，将游戏融入朗读教学，不仅能使教学过程趣味化，还能提升学生的课堂参与度以及对学习的喜爱度。这种朗读教学方法的应用需要教师对教学环节设计充分，对度把握到位，既不过度玩，导致学生玩物丧志；又不过度强调学习，减少过程的趣味性。

例如，在人教版小学语文三年级上册课文《在牛肚子里旅行》的朗读教学中，教师可以设置朗读游戏环节。具体来说，就是将全班学生分为四组，每组指派两名学生分角色朗读课文，随后其他同学对四组朗诵效果进行投票（不可以投本组，只能投其余三组），最终以得票数最多的小组获胜，教师可奖励获胜小组每位成员一个作业本或一朵小红花。

教师应通过设置游戏朗读环节，保证全班同学都参与到活动中，以小组形式进行竞赛可以使每组集思广益进行朗读，共同研究如何提升朗读效果，从而使学生整体的合作能力得到提升。设置奖励机制还能使学生更具动力进行朗读，激发学生的斗志，努力提升朗读水平，最终使每位同学都受益匪浅。

总而言之，教学过程趣味化的手段还有很多，这要求教师致力于研究教学活动，主动挖掘和开发更受学生喜爱、更能激发学生兴趣的教学手段，使教学过程更丰富多彩，只有这样，才能真正实现寓教于乐，使学生学到知识的同时保持开心快乐的积极心态。

第三节　教学方法合理化

一、诗歌类文本朗读教学方法

基于诗歌文体的特点，在诗歌朗读教学过程中，教师应该具体注意以下几个问题。

首先是声音方面，由于诗歌的篇幅较短，所以内容较为精练，这就需要朗读诗歌的每一句声音都是清晰的，这样才能将每一句内容都清楚地、立体化地读出来，使听众不会忽视其中任何一句；与此同时要充分把握声音的分寸，避免过于激动出现破音等情况。

其次是语调方面，除声音之外，朗读时还应注意语调根据诗歌内容的高低起伏进行变化，可恰当地使用停连、重音以及拉长语调等朗读方法制造出符合诗歌的语调特征，增强朗读的戏剧效果。

最后是内容与情感方面，朗读活动必须是立足于文本的，因此对于诗歌内容以及情感的解读是基础，只有在此基础之上，学生才能充分发挥想象与联想，对诗歌所描绘的内容与情境进行想象，使朗读具有画面感、更加立体，读得更有感情。

（一）细致感知，体味诗歌内涵

教师在对诗歌类文本进行朗读教学之前，一定要留给学生充足的时间进行文本感知。有些教师认为诗歌篇幅较短，朗读之前不需要留给学生太长时间，这会导致学生对文本的理解不够深入，朗读时自然也抓不到重点，难以达到所期望的朗读效果。因此，教师留给学生对诗歌文本进行感知的时间的长短不应取决于诗歌篇幅的长短，而应该取决于文本内容的丰富程度以及理解文本的困难程度，让学生能够有时间对文本进行细致感知，体味出诗歌的内涵与意境，这样才能有效拉近学生与文本间的距离，取得更好的朗读效果。

（二）融入文本，读出诗歌情感

学生对文本有了初步的感知之后，教师就可以引领学生进入朗读环节。在这一环节，教师需要将教学中心放在学生情感的投入和对诗歌意境的表达上。诗歌往往具有强抒情性，这也是诗歌文本朗读的重难点之一，其情感是连接诗人、文本、读者以及听众的重要纽带，而朗读环节对文本情感的诠释也是诗歌类文本朗读的灵魂，如果朗读没了情感要素，也就没了灵魂，朗读也就变得索然无味，达不到听众的"赏听"期待。

要想读出诗歌的情感，首先除了要对诗歌有深入的感知，还要在诗歌朗读过程中保持神圣感，使自己沉静下来并充分融入诗歌；其次要尝试走进作者，只有了解了作者的内心世界才能感悟诗歌的思想情感；最后要与诗歌情感形成共鸣，这是达到人诗合一境界的前提，有助于消除朗读者与诗歌之间的时代隔阂、情感隔阂。

（三）优化朗读，读出诗歌音韵美

基于诗歌文本抒情性的特点，教师在朗读教学中，引导学生对诗歌进行深入感知之后，所要做的就是让学生充分感受诗歌的音韵之美。每一首诗歌都有自己的节奏与韵律，这也要求学生通过朗读准确把握诗歌节奏，抑扬顿挫地朗读，这样不但能使学生真切体验到诗歌的韵律之美，而且能渲染氛围，带给听众良好的听觉感受。

肢体语言以及表情的运用也是增强朗读感染力的重要手段之一。因此，在朗读教学活动中，教师应该注意引导学生正确运用肢体语言以及进行表情管理。肢体语言应是在文本内容的激发之下，自然大方、干脆利落地做出的，表情也应该是自然流露出来且适度的。学生应根据诗歌的内容以及情感起伏适当调整自己的肢体语言和表情。

二、散文类文本朗读教学方法

（一）理清文章脉络

朗读的本质是将所朗读的文章的清晰轮廓输送到听众的头脑中，以便于他们感知文章。这也就要求对散文的朗读要抓住其"形散神聚"的特点，把散文中的"形"理清，再将"神"凝聚于"形"中，这样才能使朗读所传达的文章主题清晰且明确，使朗读有深度、有内涵。因此，教师在散文朗读教学中，应该以文章脉络为抓手，让学生理清文章的"形"，为学生深入朗读奠定基础。

（二）细心感受文章

散文的重点就是文章中感悟与思考的部分，因此朗读前对文章内容的钻研与探索是必要的。细心地对文章进行感受，从中品味出作者所要表达的内容是朗读散文的关键所在。例如，高尔基的散文《海燕》是无产阶级文学的开山之作，在作品中，高尔基以昂扬的浪漫主义激情、气势磅礴的艺术笔触，通过对大自然暴风雨即将来临时客观景象的生动描绘，深刻反映了俄国 1905 年大革命前夜"山雨欲来风满楼"的形势，暗示了革命暴风雨即将到来，沙皇专制统治必然崩溃，革命事业必然胜利，对不畏、敢于斗争、敢于胜利的"海燕"——无产阶级先锋战士进行了高度赞美与歌颂。要想准确把握上述内容，学生就需要在朗读之前充分了解文章背景，在细心感受文章内容的基础之上进行揣摩分析，只有这样才能把握好海燕的形象，将文章的磅礴浩然之气与激昂高涨的情感表现出来，带给听众强烈的情感冲击，从而使朗读更具艺术感染力。

（三）表达生动

散文文本的特点要求朗读时不能平铺直叙，文本本身所含有的情感与思想是会发展变化的，这就要求朗读者根据这种变化用生动的语言技巧去表达，在将文章叙述清楚的同时要将情感赋予进去，滋润听众的心田。以叙事散文《军礼》为例，这是一篇经典的朗诵作品，文章通过描写人物的神态、动作、语言等，表现人物心理活动和思想感情，歌颂了红军战士的英雄气概和时时处处关心战友的革命情怀。作品虽短，但感情浓烈，撼人心魄。朗诵时，开头部分要营造出环境的艰苦与恶劣，警卫员和军长的对话要与当时的语境相吻合；"军长一震"中的"震"和"军长愣住了"的"愣"，都要着力处理，表明军长对战士的无限关怀和深情怀念；朗读警卫员哭泣的回答时应采用呜咽、断断续续的表达，以感染听众；最后一句的重音应落在"永远"一词上，以表达对革命烈士无尽的哀思。

另外，同诗歌的朗读一样，散文朗读忌讳过分夸张、装腔作势、拿腔捏调，原因是这样只会给人感觉造作、别扭，从而使听感降低，难以达到预期的朗读效果。

三、童话类文本朗读教学方法

（一）对学生心理的把握

童话类文章是根据儿童心理发展的特点编写的，故事情节通常较为跌宕起伏以及具有悬疑性。在对这种文章进行朗读教学时，教师应该充分抓住这些特点，利用学生的好奇心理，将学生的兴趣推到顶点，充分调动学生朗读文章的积极性，从而构造良好的教学氛围。教师还可以抓住学生的共情心理，对文章情感进行探索，并引导其将情感朗读出来，以达到"有感情的朗读"的效果。

（二）分角色朗读

童话类文章具有较强的故事性，因此分角色读是适合此类文章的朗读方式。但进行角色分配时，教师应注意对学生音色的把握，有的学生声音较为低沉，有的学生声音较为活泼，每个学生都有自己不同的音色，教师应根据学生音质特征，为其分配最适合的角色，这也能使朗读更具有真实性，听众也不会觉得突兀。

（三）引导情感走向

童话类文章所含情感往往是多样的，不同人物都有着自己的情感。在学生朗读时，教师应加强对学生情感的引导，使其深刻体会人物当下的情感以及作者的情感立场也是需要被重视的环节，这往往是学习文章的意义所在。

（四）整体感知童话故事

无论是哪类文本的朗读教学，整体感知都是朗读的基础。在童话的朗读教学中，首先，教师要引导学生在对文本进行感知时能将文字语言转化为"情境"，使童话形象通过学生的想象变得更加鲜活；其次，教师应引导学生在感知中把握童话的"矛盾"，以多种教学手段帮助学生理清童话故事的发展脉络。

（五）细致揣摩童话形象

对童话形象的揣摩要求教师能够提供给学生足够的创造与想象空间，运用多种手段帮助学生体会文章的感情色彩，并引导学生在文本基础之上进行丰富的想象，让学生在进入文本，感受作者思想感情的同时能跳出文本，展开自己的想象，在情感之上吸收知识与经验。

总而言之，对童话类文本进行朗读教学时，教学的核心是学生的想象，因此教师要留给学生充分的感知空间，引导学生多角度地解读文本，深入探索，最终对文章主旨形成深层理解。到此，学生已经对文章有了足够的感知，教师在此基础上鼓励学生展开想象，运用艺术性语言将文章朗读出来，往往会产生意想不到的朗读效果。

四、文言文文本朗读教学方法

传统的"教师讲、学生记"的教学很容易降低学生的课堂参与度，教师讲得再怎么深刻透彻，也很难给学生留下深刻印象，从而导致教学效果不佳。要想将文言文读好，朗读者一定要对文章的字字句句进行细致的探索解读，教师要耐心为学生讲解，只有这样才能帮助学生理解得透彻、到位。因此，教师在对文言文进行朗读教学时，要将教学重心从讲授转移到指导学生朗读上，具体包括对字词的解释翻译、对节奏的划分等问题的指导。

（一）字 音

不同于其他文本特征，文言文常常自带注释，小学语文课本中的文言文大部分都会存在生僻字，这也就体现出了注释的重要性。教师也要对学生的文本预习做出要求，以保证学生朗读的准确性。在文言文中字音的正确与否有时影响整个文意。例如，"学而时习之，不亦说乎"中的"说"字是关键所在，应该读为"悦"，意为开心愉悦，而不了解的学生将其读为"说"就大大改变了其意思，也改变了整句话的意思，从而更不可能做到正确理解这句话了。

因此，学生在教学活动开始之前应该先查看注释，对文章进行初步了解，对于生僻字可以借助工具书等进行查阅，由此便能解决大部分问题，剩下的再在课堂上进行学习。教师这样布置任务不仅可以减小教学难度，还可以使学生有目的地学习，从而提高课堂效率，在字音问题解决的基础之上，进行文章节奏的把握，这也是学生能否准确把握文章文意的关键。

值得一提的是，不同于其他文章的朗读教学，教师范读在文言文朗读教学中是不可或缺的。在教师范读之后学生再进行朗读，有助于学生读准字音，读清句读。如果一开始就直接让学生自行朗读，学生很容易在朗读中产生错误，并且在反复的朗读中加深对错误的印象，从而很难进行改正，这也就体现出教师范读的重要性。

对于读音，在朗读时应始终坚持以普通话为标准，即使是文言文也不应拘泥于古音古调，尤其是对小学年龄阶段的学生来说，一方面学生的思维易固化，一旦养成以普通话朗读的习惯就很难再转变另一种语音进行朗读；另一方面，真正的古音古调很难有一个公认的标准，对年代较为久远的文言文来说，要追溯其时代的读音特点与标准几乎是不可能的；此外，普通话是我国的通用语言，也是语文朗读教学的唯一指定语言，坚持用普通话进行朗读也是课程标准所明确要求的。因此，虽然文言文在文体上与其他文本具有较大的差异性，但对于它们的朗读教学确实大同小异，循着朗读教学的基本轨迹进行即可。

（二）重点词句翻译

文言文中会出现一些通假字、词类活用等文言手法，这一部分教学的主要任务在于让学生能结合注释、工具书等在读准字音的基础上去研究词义、解释句意，然后对文章进行初步翻译与感知。

（三）深入理解与品味

这一步的教学需要学生在理解句义、课文大意的基础上，抓住重点语段进行朗读，从而理解文章的中心、主旨。例如，学习《论语十则》时，在学生理解了课文含义的基础上，教师应让学生在朗读过程中思考：在孔子及其弟子所谈论的学习方法、学习态度及修身做人几个方面的内容中，哪句话或哪几句话给你的印象最深？谈谈自己的见解。这样学生就会抓住重点的语段去分析课文，深入理解文章的主旨，得到情感的升华。

五、小说类文本朗读教学方法

根据小说的特征，在进行文本朗读教学时教师应从以下几个方面着手。

（一）了解小说背景

一篇小说的写作背景往往关系到小说的内涵、对现实的折射等，因此对小说背景的了解与分析是重要的教学准备活动。在时代背景下朗读文章，通常会产生丰富的感悟，思考也会深刻很多，从而达到较好的学习效果。例如，教学《孔乙己》这篇文章时，教师应让学生自查或讲授孔乙己的姓名和原型、咸亨酒店等相关背景，为学生理解孔乙己这一形象的社会意义做铺垫，在此基础上学生才能更好地把握孔乙己的语气、揣摩其心理活动，从而更好地朗读文章，达到朗读训练应有的效果。

（二）培养角色意识

朗读小说类文本的关键在于凭借语言文字还原语言形象，展现人物情感及其心理过程，进而展现语言内涵。在对小说中人物对话进行朗读时，朗读者需要根据人物的性格特征、心理活动特点，灵活处理、生动表达文章每句话的情感，使朗读更具真情实感。必要时朗读者可以对音色、语流等做出处理，使自己能够完全沉浸在角色的世界中。对此，教师应让学生通过反复的朗读，反复感悟，与人物、与作者产生情感共鸣，通过这种共鸣赋予朗读更深层次的情感，这也就是角色意识。学生形成角色意识之后，其朗读水平自然也会得到提升。

（三）多种形式朗读

1.分角色朗读

与童话类型文本相同，小说也具有故事性、情节性，因此分角色朗读也是一种适合小说文章的朗读方法。这种让学生分不同角色进行朗读的教学方法可以使学生充分体味人物情感变化，进而掌握整篇文章的艺术内涵，使作者的思想和情感在学生朗读时得到充分的表达。在反复朗读的过程中，学生也能通过不断摸索逐渐掌握正确朗读的方法，从而提升其自身的语文素养和语文能力。

2.配乐朗读

小说是一种通过刻画人物形象折射社会生活的文学体裁，因此往往蕴含着丰富的情感内涵。要想加强学生对文章情感内涵的感悟，教师就要运用多种方式激起学生的情感共鸣。由于音乐可以渲染情绪，所以配乐朗读法也是适合小说朗读的方法之一，教师可以充分利用音乐来引起学生的情感共鸣，让语言和音乐产生联系，让学生根据音乐的旋律、节奏掌握朗读的语音语调。在音乐的引导下，学生视听感官同时受到刺激，并能够在脑海中想象出相应画面，更好地感知小说情节，促进朗读水平的提升。这就要求教师透彻分析文章，对整体节奏和情感色彩有一定的把握，在此基础上选取最合适的配乐，有效地创设文章的情境，使课堂气氛得到充分的渲染，以此帮助学生更好地融入文本进行朗读。

3.故事讲述朗读

小说往往具有较强故事性，情节也较为跌宕起伏，基于此，教师在朗读教学中也可以引导学生采取故事讲述的方法进行朗读。简单来说就是要求学生将小说中的故事由第三视角变为第一视角，用自己的话进行朗读。这样可以有效地引导学生以文本为出发点展开想象，从而在提高课堂趣味性的同时，潜移默化地锻炼学生的思维能力。这也是对文章的一种改编，学生在改编过程中用自己的语言叙述文章内容，在一定程度上能够锻炼语言组织能力、语言表达能力。

总之，在小说朗读教学中，教师的教学中心应放在加强学生对文章情境的感受上，运用多种教学手段，在调动学生课堂积极性的同时，有效带领学生走入小说中的世界，感受跌宕起伏的情节，这样才能有效提升学生朗读小说的能力，为学生今后的学习与发展奠定良好的基础。

第四节　教学平台多元化

信息时代的到来也为教育界带来了一场巨大变革，现代教育技术随之诞生。现代教育技术是现代科技成果与教育理论的结合，是由教学硬件、软件和教学方法组成的系统，跟随时代发展潮流逐步改进与丰富。

现代教育技术对教育促进作用的主要表现之一是为当下教学提供了多元化的教学平台，这也就要求教师在教学中应用多元化教学平台，提高教学效率，实现教育教学与时代发展的完美结合。下面介绍几种常见的教学平台。

一、有声读物 App

有声读物 App 是将朗读教学拓展到课外的有效平台。在日常生活中，人们对有声读物 App 的使用也较为广泛，如有人喜欢睡前使用有声读物 App，有人喜欢边晒太阳边用有声读物 App，等等。有声读物 App 的内容涵盖范围较广，不仅涉及相声、脱口秀等，还有诗歌、散文、小说等与小学语文朗读教学息息相关的内容。因此，教师可以将有声读物 App 引入朗读教学中，将朗读活动拓展到课外，让学生在家中通过有声读物 App 聆听相关学习内容的朗读。正所谓"书读百遍，而义自见"，听得多了，学生自然也会慢慢摸索出朗读的规律以及使用恰当的朗读技巧，循序渐进地提高朗读水平。

此外，一些有声读物 App 还会推荐科学、青春、自然等话题，能在满足学生好奇心的同时开阔学生视野、丰富课外知识、弥补传统教学的不足。在优秀作品的长期熏陶之下，学生的综合素养以及审美情趣都会得到一定程度的提升，对学生来说可谓是受益匪浅。"人教点读"智能 App 就是一款适用于小学语文朗读教学的有声读物 App，其主要模块与内容如下文所示。

"人教点读"智能 App 如图 7-1 所示，它是由人民教育出版社主持发行的，专门针对中小学学生朗读训练的一款 App，其内容与模块都是在《义务教育语文课程标准》等的指导下设置的，因此是一款适用于小学生课外朗读学习的 App。进入 App 后，学生可以选择相应的年级，参与到相关内容的朗读与知识的记忆训练中。

图 7-1　"人教点读"智能 App

除此之外，"人教点读"智能 App 中的内容也较为丰富，所涉及的知识与小学语文教学内容有较高的契合度，与其他 App 相比，其内容的精准度与针对性是最为突出的特点。由于整个 App 几乎没有与学习无关的内容，家长与教师可以放心地让学生进行使用。App 中游戏性的训练不仅能充分调动学生对朗读的兴趣，提升学生朗读水平，还能针对性地帮助学生学习包括语文在内的主要学科知识，让学习更好地融入游戏、融入生活。

值得一提的是，这款 App 的内容下至一年级上至九年级，涵盖了义务教育阶段的大部分知识内容。其模块主要有普通话大通关、教材课本朗读、中小学语文诗词朗读等，可以循序渐进地对学生进行朗读训练。

（一）普通话大通关

普通话大通关模块共设有五道不同的关卡，类似于游戏中的闯关模式，每道关卡中都设有疑问句、陈述句、排比句、古诗词等不同句式的五句话朗读训练，这五道关卡的难度也是层层递进的，学生只有每过一个关卡才能解锁下一个关卡，进入难度更高的训练。这可以激发学生的好胜心理与"闯关"兴趣，使其好似在玩游戏闯关一样，寓教于乐，让学生快乐学习。值得一提的是，"人教点读"智能 App 中的训练内容都是选自现行语文教科书，所以关卡中的普通话训练实际上是另一种形式的课本朗读训练。

普通话大通关模块的运行是先播放范读模板并配以相应的音乐，再让学生进行朗读训练。这样的训练模式不仅能为学生的朗读提供模仿的样本，还能通过营造特定的朗读氛围帮助学生快速地融入情境中去，并受到感染，产生共鸣，更好地感悟到文本的思想情感，从而获得高质量的朗读。同时，"人教点读"智能 App 中有录音与打分的功能，学生可以录下自己的朗读并让系统进行评分，以此判断能否通关。这是一种新颖的朗读评价方式，有助于学生客观认识自身的朗读水平，为进入下一关而不断训练提升分数，以达到更高的朗读水平。

（二）课本教材朗读

对课本教材的朗读也是"人教点读"智能 App 中的重要模块，它的主要内容是语文教科书中适合朗读的字词与文章，这不仅能帮助学生训练自身朗读能力，还能让学生学习到相关的语文知识，实属一举两得。应用这一模块需要学生先选择课本，然后进入训练环节，之后学生可以进行点读，即学生点哪一字词，系统就播放哪一字词的范读；也可以进行连读，即系统连续播放一整篇文章的范读，学生在听完整篇文章的标准朗读之后，进行模仿朗读训练；还可以进行复读，即系统播放一段话的朗读，学生可以选择复读模式来反复听这段内容的示范朗读，以此充分品味范读中所用的朗读方法与技巧。另外"人教点读"智能 App 的录音功能可以帮助学生从整体上回味自己的朗读，找到自己与范读模板的差异之处，并做出有针对性的教学改进，为之后的训练测评做好准备。

值得一提的是，这一模块的评分普遍偏高，这说明该智能 App 的评测功能以鼓励性为主，获得的分数值一般会高于实际情况，所以进行训练时要谨慎参考。

（三）中小学语文诗词朗读

古诗词由于内容的精炼性与情感的丰富性，以及在语文教科书中占有较大比重，所以是最适合被用于朗读训练的素材之一。因此，这款 App 中也有专门的诗词朗读模块，这一模块中所有的古诗也都是选自现行的语文教科书，并且按照教科书中的编排顺序进行排序整合，使其难度符合学生发展特点以及教学要求。这一模块不仅能有效训练学生的古诗朗读技巧与情感表达能力，还能让学生感受到中华优秀传统文化的魅力，受到熏陶，提升学生审美情趣与鉴赏能力，从而提升学生的综合素养。

从整体来说，这款"人教点读"智能 App 是目前最权威、最具代表性且适用于小学生的有声读物 App，它的内容本身就是学生的课本教材中的内容，极具针对性，设计理念符合国家教育方针，对学生课堂之外的朗读教学起着重大作用，同时它的页面风格设计充满童趣，能有效激发学生的兴趣，游戏闯关的方式能让学生更积极地参与进来，对学生的朗读训练有着巨大的帮助。

二、有声电台

有声电台与有声读物 App 一样，都是通过声音的形式将故事、文章传送到听众耳朵里，但不同的是，有声读物 App 一般采取的是录播形式，即提前录好再上架，听众可以随时点开反复听；而有声电台则是真人以声音的形式进行现场直播，同时可以与听众通过电话方式进行互动，具有时间限制以及互动性。

对于小学年龄阶段的学生来说，有声电台平台由于较为少见，所以极具新鲜感，更容易激起其探索欲望。在教学中教师可以利用这一点，正确运用有声电台这一平台，将其融入朗读教学，使教学以学生喜欢的形式展开，真正做到寓教于乐。这一平台的应用可以从以下几个方面着手。

（一）账号创建

日常的有声电台为适应大众需求，内容较为丰富，包含音乐播放、热点推送、文章朗读以及情感处理等，有些内容适合学生学习倾听，有些内容不适合学生倾听。鉴于此，教师可以自行创建电台账号，播放或转播适合学生学习的内容，不涉及不适合学生朗读与学习的内容，使学生能够更好地通过有声电台进行朗读学习。

（二）内容选取

在保证平台真正适应学生学习情况的同时，电台内容的选取也应符合学生喜好。由于这种教学平台作用于课外时间，其内容的趣味性就显得尤为重要。若内容枯燥乏味，很多学生便会失去兴趣，甚至不愿使用这一平台。因此，教师可以选取能激发学生兴趣的内容进行播放，此外还可以将课堂上学生的优秀朗读范例录下来，再加以修饰制作，在电台进行推送播放。这种形式不仅可以提升学生参与度与学习兴趣，还能提升学生成就感、积极性，激发全体同学的朗读热情。

除此之外还有类似平台如微信公众号、微课等都可以经由教师努力成为有价值的朗读教学平台，这就要求教师善于发现并运用身边平台，使朗读教学融入学生生活之中，以长期有效、潜移默化地提升学生朗读能力以及朗读水平。

第五节　教学展望

从知识教育的角度来看，朗读教学是语文教学的重要任务之一，《义务教育语文课程标准》（2022年版）规定朗读教学的目标是让学生"用普通话正确、流利、有感情地朗读课文"，由此可见朗读教学在语文教学中是不可被忽视的重要部分。

从能力培养来看，朗读教学是培养学生语言表达、文本感知、共情等能力的有效手段，也是训练学生从小学习规范化语言、梳理情感态度与价值观的重要途径，这些都对学生成长为符合社会需要的接班人具有重要意义。其中语言表达能力的提升不仅能使学生在朗读学习中得到进步，还能为学生日常生活的交流清除障碍。由此可见朗读教学无论是在学习中还是在生活中都对学生具有较大影响，这也体现出朗读教学的重要性。

朗读是一个无止境的学习历程，需要学生在不断的训练与学习中逐步发展与完善，因此朗读教学活动也是一项长期性的教学，其教学手段、教学方式等也要跟随时代发展潮流不断改善，从而越来越高效。除此之外，朗读教学还是当代文明建设的需要，随着"地球村"时代的到来，世界各国互相学习借鉴，朗读作为传递语言文化的具有中国特色的形式，显现出强大的感染力与生命力。

当今世界是语言日益丰富、不断互相学习的世界，我国的普通话也被海内外广泛学习。在这种趋势潮流中，朗读教育需要广泛开展与深入发展，无论是在课堂上还是课外的社会实践中，都应受到重视。

在小学语文教学中，朗读教学势在必行，其具有的潜移默化的影响力是不可估量的。朗读教学还担任着规范语言并传承发展语言的任务，这种任务需要依靠上一代与下一代的传递，因此朗读教学的任务也将世代相传、延续不止。

目前，朗读作为一项语言交流形式已经在国际上广泛开展，随着广播、电视、互联网等数字信息的传递方式的普及，人们对朗读的需求也在一定程度上得到了满足。借助更多平台的朗读教学形式，包括软件、多媒体等现代化高科技教学手段也不断涌现，将朗读教学推向了更高层面。因此，对其未来发展的展望一定是站在未来科学技术以及教育思想与教育形势的发展角度进行的，相信未来朗读教学在语言教学中始终都会占有一席之地。

首先，朗读训练是一个对学生的长期性训练，这也就代表教师不能抱着一蹴而就的教学心理，需要将眼光放长远去制订整个朗读教学训练的计划，考虑教学中会出现的问题并制定相应解决措施，让学生以计划为指导有步骤、有目的地学习，循序渐进地成长。

其次，朗读教学不仅仅是课堂教学，它对学生的生活、社交也具有重要作用，因此要求家长、学校与社会多方面对学生施加相应的教育影响，一起努力，共同促进学生朗读能力的提升，推着学生朝向更好的未来发展与成长。

最后，还要注意的是，朗读训练不是一项独立的教学活动，它是融合在包括语文在内的学科教学当中的一项训练活动。这就要求教师合理把握朗读教学的分量，使朗读教学与学科知识教学完美融合到一起，促进学生的全面发展。

总之，不论是对学生还是对教师，小学语文朗读教学都提出了严格的要求，在课堂教学中，需要教师合理安排与学生积极参与相结合；在课堂之外，需要学生将朗读教学融入生活中去，在理论与实践相结合的过程中进行更深入的探索，在多方面的教育影响中潜移默化地提高朗读水平，从而师生共同创造出朗读在小学语文教学的新气象。

构建与完善小学语文朗读教学体系是一项宏大的工程，也是一场持久战，一大批教育工作者数十年如一日地身体力行、辛勤耕耘，为小学语文朗读教学实践和理论研究奠定了基石，不断开拓新的道路，同时以身作则，以求真敬业的科学精神和不辞辛劳的学者风范，虚心学习先人的探索成果与教学经验，在历史的不断更迭中探寻朗读教育教学的新思路。朗读教学应乘上时代的巨轮，尽到应尽的责任，让无数投身朗读事业的有志之士的精耕细作都收获累累硕果。

参考文献

[1] 石佩雯. 谈谈朗读教学 [M]. 北京：人民教育出版社，1980.

[2] 刘振清. 小学语文朗读要领与技巧 [M]. 沈阳：辽宁民族出版社，1998.

[3] 吕小君. 小学语文朗读实践与研究 [M]. 北京：科学出版社，2017.

[4] 杨海棠. 小学语文名篇朗读要诀 [M]. 福州：福建教育出版社，2017.

[5] 上海教育出版社. 小学低年级阅读教学 [M]. 上海：上海教育出版社，1982.

[6] 曹爱卫. 低年级阅读这样教 [M]. 上海：上海教育出版社，2021.

[7] 王宗海. 童向朗读 [M]. 上海：复旦大学出版社，2021.

[8] 孙成德，犹学忠，雷兰芦，等. 小学低年级朗读教学 [M]. 上海：上海教育出版社，1981.

[9] 王浩瑜. 跟我学朗读 [M]. 上海：上海教育出版社，2019.

[10] 高原. 朗读教育功能论 [M]. 北京：中国传媒大学出版社，2018.

[11] 张颂. 朗读学：第 3 版 [M]. 北京：中国传媒大学出版社，2010.

[12] 唐婷婷. 朗读与朗读教学 [M]. 上海：上海教育出版社，1984.

[13] 徐世荣. 普通话朗读辅导 [M]. 北京：文字改革出版社，1978.

[14] 韩进廉. 朗读漫谈 [M]. 石家庄：河北人民出版社，1973.

[15] 张颂. 朗读美学 [M]. 北京：北京广播学院出版社，2002.

[16] 张颂. 朗读学 [M]. 长沙：湖南教育出版社，1983.

[17] 陈宝如. 朗读常识 [M]. 广州：广东人民出版社，1980.

[18] 王宇红. 朗读技巧 [M]. 北京：中国广播电视出版社，2002.

[19] 曹灿，李林柏. 朗读与朗诵 [M]. 北京：北京师范学院出版社，1987.

[20] 白银. 小学语文朗读例谈 [M]. 太原：山西人民出版社，2017.

[21] 王荣生. 求索与创生：语文教育理论实践的汇流 [M]. 济南：山东教育出版社，2013.

[22] 曹明海.语文教学解释学 [M].济南：山东人民出版社，2007.

[23] 中华人民共和国教育部.普通高中语文课程标准：2017 年版 [S].北京：人民教育出版社，2018.

[24] 张维萍.谈如何在小学语文朗读教学中提升学生的审美情趣 [J].中华活页文选（教师版），2022（2）：6-8.

[25] 魏振乾.浅谈小学语文朗读教学存在问题与对策 [J].智力，2022（3）：70-72.

[26] 李海平.小学语文朗读教学策略研究 [J].新课程，2021（51）：58.

[27] 王小花.小学语文朗读教学现状及策略研究 [J].学周刊，2021（19）：51-52.

[28] 白燎原.小学语文阅读教学中朗读评价研究 [J].西北成人教育学院学报，2021（1）：106-112.

[29] 高玲玲，刘万金.小学语文朗读教学中的有效指导策略 [J].现代教育科学，2020（S1）：106-108.

[30] 刘增军.新课程背景下小学语文朗读教学常见问题及对策研究 [J].中国校外教育，2019（22）：46-47.

[31] 谢怡.小学语文朗读教学的现状及策略研究 [J].内蒙古教育，2019（21）：118-122.

[32] 吴立锋.小学语文朗读教学策略研究 [J].教育现代化，2019，6（38）：120-121.

[33] 邹克波.小学语文朗读教学的有效策略：核心素养观照下的小学语文朗读教学实践策略 [J].小学教学研究，2018（35）：60-62.

[34] 杨红月.小学语文课堂朗读教学有效性探究 [J].中国校外教育，2017（2）：119，121.

[35] 刘畅红.审美教育在小学语文朗读教学中的应用策略研究 [D].大连：辽宁师范大学，2021.

[36] 张慧.长春市实验小学高年段语文朗读教学的现状调查与研究 [D].延吉：延边大学，2016.

[37] 阙旭凌.小学中低段语文朗读教学的现状及策略研究 [D].杭州：杭州师范大学，2016.

[38] 董秀妨.小学语文分学段朗读教学方法探析 [D].曲阜：曲阜师范大学，2015.

[39] 王佳女.小学语文朗读教学研究 [D].上海：上海师范大学，2020.

[40] 李婉莹 . 审美视阈下小学语文朗读教学研究 [D]. 武汉：华中师范大学，2020.

[41] 杨瑞霞 . 小学语文名师朗读教学研究 [D]. 济南：山东师范大学，2018.

[42] 梁晓华 . 小学语文朗读教学的微课资源开发与应用研究 [D]. 广州：广东技术师范学院，2018.

[43] 陈丽萍 . 小学语文朗读教学现状调查及策略研究 [D]. 镇江：江苏大学，2017.

[44] 李颖 . 朗读教学在小学低年段语文课堂教学中的实施现状及对策 [D]. 沈阳：沈阳师范大学，2017.